DINAMICA

Hasnain Walji y Andrea Kingston

Asma y alergias

Traducción de Paloma Ovejero

PLAZA & JANES

Título original: *Asthma & Hay Fever*
Diseño de la portada: Josep M.ª Mir

Primera edición: julio, 1995

Enric Granados, 86-88. 08008 Barcelona

Printed in Spain – Impreso en España

ISBN: 84-01-52012-6
Depósito legal: B. 27.072 - 1995

Fotocomposición: Lorman

Impreso en Cremagràfic
Bernat Metge, 197. Sabadell (Barcelona))

L 5 2 0 1 2 6

ÍNDICE

Este libro está dedicado
a quienes buscan la salud
y a quienes ayudan a encontrarla

AGRADECIMIENTOS

Deseo expresar mi gratitud a la doctora Andrea Kingston por su valiosa aportación como médico de cabecera y por la inteligencia con que resolvió varias aparentes contradicciones entre la medicina ortodoxa y las terapias alternativas; a Angela Dowden, especialista en nutrición, por sus numerosas y acertadas sugerencias; a Sato Liu, miembro de la Sociedad de Medicinas Naturales, quien me ayudó a ponerme en contacto con diversos médicos y a concertar citas con ellos, y a mi agente, Susan Mears, por su aliento y su ayuda en cuestiones prácticas.

Este libro jamás habría visto la luz sin la cooperación de los siguientes especialistas, que con tanta paciencia soportaron mis interrupciones: John Hicks y Peter Mole (acupuntura), Christine Wildwood (aromaterapia), Jan De Vries (naturopatía), Jatinder Benepal (quiropraxia), Rick Brennan (medicina herbal y técnica de Alexander), Michael Thompson (homeopatía), doctor Morris Orange (medicina antroposófica) y Jonathan Parson (osteopatía). Tengo una deuda especial de gratitud con la homeópata Beth MacEoin, por la prontitud con que realizó una detenida y trabajosa revisión del capítulo relativo a la homeopatía.

También debo dar las gracias a mi hija Sukaina, quien dedicó sus vacaciones universitarias a desentrañar libros y trabajos de investigación para extraer la información pertinente. Vaya por último mi gratitud a mi esposa Latifa, por sus atentos cuidados, por su interés y por las largas horas que dedicó a mecanografiar el manuscrito; sin ella nunca habría podido acabar este libro.

PRÓLOGO

El asma ha alcanzado en los últimos años proporciones epidémicas en los países occidentales, sobre todo entre los niños. Ha sido un proceso rápido y desconcertante que, combinado con el auge de las enfermedades crónicas en general, proyecta una negra sombra sobre el futuro.

Recuerdo que en mis años escolares, a principios de la década de los sesenta, era el único alumno de mi clase, y uno de los pocos de todo un gran colegio, que padecía esta enfermedad. Ser asmático entonces era algo fuera de lo común. Hoy en día, en las aulas de todo el mundo, los niños ponen sus inhaladores en la mesa al comienzo de la clase y los recogen antes de volver a sus casas. Algo drástico ha ocurrido en treinta años.

Por un lado, informes recientes afirman que la medicina moderna ha erradicado prácticamente las enfermedades infecciosas infantiles. Por otro, somos testigos de un alarmante incremento de las enfermedades crónicas, tanto en los niños como en los adultos. Los medicamentos actuales pueden aliviar muchos síntomas del asma.

Siempre estaré agradecido por la libertad que me brindó, a los quince años de edad, mi primer inhalador. Entre otras muchas cosas, me permitió empezar a asistir a la escuela con regularidad por primera vez en mi vida, obtener gracias a ello buenos resultados en el bachillerato e iniciar una satisfactoria carrera universitaria que sentó las bases de casi todo mi trabajo posterior.

Sin embargo, los inhaladores, los corticoides y otros medicamentos no curan el asma; es más, en estudios recientes se ha sugerido incluso que «la utilización regular de inhaladores para el asma como el Ventolin puede agravar la enfermedad en lugar de aliviarla». (*The Guardian*, octubre de 1993, cita de un informe publicado en *The Lancet.*) Muchos de esos medicamentos pueden salvar vidas, y de hecho lo hacen, y constituyen el tratamiento adecuado en numerosos casos, pero sus efectos a largo plazo sobre la salud del enfermo son una de las muchas contraindicaciones por las cuales la búsqueda de medidas más seguras reviste la máxima importancia.

Es entonces cuando las posibilidades de las medicinas alternativas aparecen con toda claridad. Su popularidad como opción seria a la medicina tradicional ha aumentado muchísimo en los últimos años; además, el estudio científico de su eficacia ha avanzado a pasos agigantados y ha abierto nuevas perspectivas sobre la dirección futura de la gestión de la enfermedad y de la asistencia sanitaria, en especial para las enfermedades crónicas.

Es muy probable que, en los próximos años, la costosa y a menudo infructuosa búsqueda de «curaciones» que ha caracterizado a la investigación médica ortodoxa del último siglo sea sustituida por una visión más global, más holística de la enfermedad, por un nuevo enfoque en el que el paciente empiece a considerarse una persona y no simplemente un «asmático» o «enfermo de fiebre del heno». Quizá comience también a hacerse mayor hincapié en la prevención y el control de los factores ambientales, en lugar de seguir poniendo parches y remiendos como hasta ahora.

Desde que comencé un tratamiento homeopático contra el asma, mi estado ha mejorado por primera vez en casi cuarenta años. Utilizo cada vez menos el Ventolin, incluso en días fríos y húmedos, y durante períodos cada vez más largos puedo prescindir por completo de él. Confío firmemente en que, a su debido tiempo, podré por fin deshacerme del inhalador, y estoy convencido de que podría haberlo hecho hace mucho tiempo si hubiera recurrido antes a la homeopatía, preferiblemente cuando era niño. Mi consuelo es que los niños de las nuevas generaciones, pese a ser, quizá, más propensos al asma, tendrán muchas más posibilidades de recibir tratamientos alternativos que alivien o erradiquen su enfermedad y los liberen de la dependencia vitalicia de medicamentos inhibidores y posiblemente nocivos.

El objetivo de este libro es informar a lectores profanos de las posibilidades que ofrecen las terapias alternativas y complementarias. En él se explican el alcance y las limitaciones de los tratamientos ortodoxos y se describe con detalle lo que puede esperar el enfermo de un homeópata, un acupuntor, un herborista... Se ofrecen útiles consejos sobre medidas preventivas de carácter general y sobre la alimentación y se examinan normas elementales de autoayuda. No obstante, debe tenerse en cuenta que el tratamiento de enfermedades complejas y crónicas supera casi con certeza las capacidades del principiante y que, para lograr una mejoría duradera, es indispensable la asistencia prolongada y seria de un profesional cualificado.

La mera compra de este libro es ya un paso en la dirección correcta. No ofrece curas milagrosas ni una recuperación de la noche a la mañana. Tampoco promete al enfermo liberarlo del asma o de la fiebre del heno en una semana. Se limita a describir un modo racional de avanzar. Orienta al lector hacia una senda que, recorrida con cuidado y en compañía de consejeros experimentados, le permitirá mejorar notablemente su propia salud y la de sus hijos y, si todo va bien, lo conducirá a la recuperación permanente.

DENIS MACEOIN
Doctor y miembro del Consejo de la Natural Medicine Society

PREFACIO

Esta serie de libros enfoca, de forma innovadora y concisa, las enfermedades comunes y sus posibles tratamientos mediante terapias alternativas. El objetivo de estos libros no es sustituir el planteamiento de la medicina ortodoxa por otro, sino dar al lector una visión general de la ayuda que pueden brindarle otros enfoques de la medicina.

Una vez establecido el diagnóstico de su enfermedad por el médico de cabecera, este libro puede ser de gran utilidad si desea explorar otras formas de tratamiento. La intención de esta colección no es recomendar a las personas que dejen de tomar los medicamentos convencionales que se les hayan recetado, sino iniciarlos en el conocimiento de tratamientos alternativos y complementarios que les permitan reducir el consumo de este tipo de medicamentos y, en algunos casos, evitar por completo su empleo.

Hemos intentado presentar la información de forma clara y comprensible. Nuestro objetivo principal era analizar el asma y la fiebre del heno desde distintas perspectivas, describiendo varias terapias complementarias. Tratamos de alentar al enfermo a que asuma la responsabilidad de su propia salud y a que elija con conocimiento de causa el tratamiento más adecuado, advirtiéndole al mismo tiempo de los riesgos que entraña la automedicación.

Los dos primeros capítulos incluyen una visión global del asma y la fiebre del heno y del tipo de tratamiento que cabe esperar del médico de cabecera. En el capítulo III se aborda la influencia de factores como la forma de vida, la dieta y la nutrición en el asma y la fiebre del heno. En los capítulos siguientes se examinan aproximaciones complementarias a estas dos afecciones.

El elemento común que subyace a todas las técnicas terapéuticas alternativas o complementarias descritas en este libro es la firme creencia en el poder de curación del cuerpo humano. Todas las medicinas complementarias reconocen que el organismo posee una capacidad innata para curarse a sí mismo; esta idea transmite al enfermo un mensaje claro acerca de su propia función en el proceso de curación: la función de la mente que alienta al cuerpo a curarse.

A primera vista puede parecer que este planteamiento se opone a la medicina ortodoxa, cuyo objetivo terapéutico es curar la parte enferma del organismo, y en la que el paciente no desempeña papel alguno, excepto el de tomar obedientemente los medicamentos. Esta concepción, en la que el médico es un dios con bata blanca poseedor de la píldora mágica que lo cura todo, no es sino el resultado de la combinación del temor con la falta de conocimientos sobre la naturaleza de las enfermedades y, sobre todo, de la salud.

El presente libro pretende disipar los mitos y ampliar los conocimientos del lector sobre temas relacionados con la salud y la curación, que trascienden los ámbitos de la anatomía y la biología. Con el reconocimiento de que la medicina tradicional y las terapias alternativas no tienen por qué ser mutuamente excluyentes habremos dado un paso de gigante hacia la promoción de la medicina integrada del siglo XXI.

HASNAIN WALJI
Milton Keynes
Noviembre de 1993

Nota: La información contenida en este libro no pretende sustituir el consejo médico. Cualquier persona que padezca una afección que requiera atención médica debe consultar con un profesional de la medicina.

I

¡QUÉ HORROR! ¡OTRA VEZ PRIMAVERA!

Es primavera. Los pájaros trinan, brilla el sol y los árboles están en plena floración. Sopla una brisa suave que ondula los prados y arranca susurros a la hierba. ¡Qué felicidad! ¿O no?: te escuecen los ojos, no puedes dejar de sonarte la nariz, estornudas sin cesar, te duele la garganta, sientes una opresión en el pecho y no puedes dormir por las noches.

En todo el mundo, millones y millones de personas esperan la llegada del verano con ansiedad. Van cargadas de pastillas, inhaladores y medicinas y tienen que conducir con las ventanillas del coche cerradas. Para ellas, esta estación es un suplicio: componen el nutrido ejército de quienes padecen fiebre del heno.

Fue Charles Blackeley, también víctima de esta afección, quien descubrió en 1873 que el polen era una de las causas de la fiebre del heno. Cuentan que echó a

Factores que desencadenan la fiebre del heno

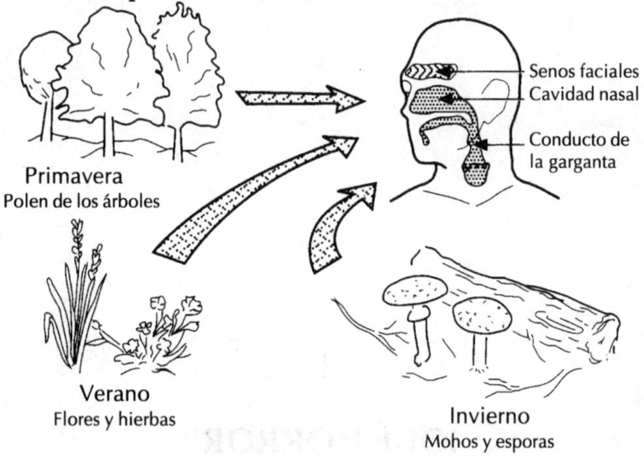

volar a gran altura cometas con láminas adherentes para recoger polen. En sus experimentaciones, inhaló polen en distintas épocas del año e incluso se frotó la piel con distintos tipos de polen para provocar los síntomas de la fiebre del heno.

Las plantas desprenden polen cuando alcanzan la madurez: así asegura la naturaleza su supervivencia. Curiosamente, las flores que más molestias provocan no son las de colores más vivos, sino las menos llamativas. En efecto, en el caso de las plantas cuyas flores son más vistosas, son los insectos quienes se encargan de transportar el polen. Las flores más discretas, por el contrario, tienen esporas de polen mucho más pequeñas; esto permite que las esporas sean transportadas por el viento, pero, a la vez, incrementa considerablemente la probabilidad de que atraviesen la mucosa de las vías respiratorias. Los granos de polen contienen grandes cantidades de proteínas y, cuando entran en el organismo a través de las vías respiratorias, pueden causar una reacción alérgica denominada *polinosis.*

Ahora bien, además del polen, hay otras sustancias capaces de desencadenar (provocar) reacciones similares. Estas afecciones, prácticamente idénticas a la polinosis, reciben el nombre de *rinitis alérgicas.* Al respirar inhalamos todo tipo de partículas que se encuentran en el aire, entre ellas partículas de plumas, pieles, telas, mohos, alimentos, escamas de la piel del ser humano, cabellos, fibras de alfombras, ropa y tapizados, así como partículas de los excrementos del *Dermatophagoides pterynissinus,* el ácaro del polvo doméstico. Visto mediante el microscopio, es un ser aterrador, pero en realidad son sus excrementos los que más problemas causan.

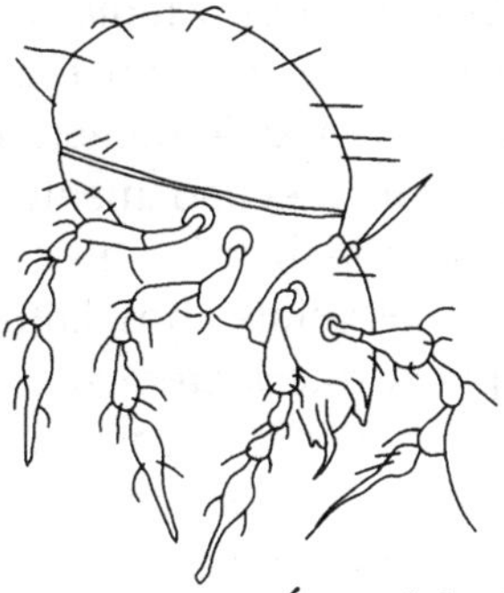

Ácaro del polvo doméstico

En la mayoría de los casos, la nariz es capaz de filtrar partículas de gran tamaño e impedir que lleguen a los pulmones. Si por algún motivo la mucosa nasal está afectada o si se respira por la boca debido a que la nariz está taponada o como consecuencia de una actividad física enérgica, esas partículas se introducen en el organismo y pueden causar diversas reacciones alérgicas. La fiebre del heno y el asma, concurrentes en ciertas personas, son trastornos corrientes que afectan a más del 15 % de la población.

La fiebre del heno es extremadamente molesta, ya que quienes la padecen pueden verse incapacitados durante semanas para realizar con normalidad sus actividades laborales, escolares o lúdicas; sin embargo, el trastorno que más ansiedad produce es el asma, y con razón, ya que, en un reducido número de casos, puede resultar mortal si no es adecuadamente tratada.

Ambas afecciones se han hecho cada vez más frecuentes en los últimos veinte años. Entre las teorías propuestas para explicar este incremento cabe mencionar la capacidad de los médicos para diagnosticar mejor estos trastornos, la mayor contaminación atmosférica y los cambios de nuestros hábitos alimentarios.

¿QUÉ FACTORES PROVOCAN LA FIEBRE DEL HENO?

En términos muy sencillos, la fiebre del heno es el resultado de una reacción excesiva del organismo al polen y a otras partículas presentes en el aire. El cuerpo humano tiene un sistema innato de defensa contra la enfermedad y es capaz de vencerla por sí solo. Este sistema, denominado *sistema inmunitario,* es la fuerza de combate del organismo. Se pone en marcha tan pronto como detecta la presencia de intrusos, sean éstos bacterias, virus u otros cuerpos extraños. El trastorno alérgico se produce cuando el sistema inmunitario reacciona de manera exagerada y empieza a luchar contra sustancias extrañas inofensivas. La fiebre del heno es un buen ejemplo de este tipo de hiperreacción, ya que el polen es, en sí mismo, una sustancia inocua.

El organismo empieza entonces a producir cantidades excesivas de una sustancia denominada *histamina,* que ocasiona picor, hinchazón, mucosidad, lagrimeo y dolor de garganta. La histamina es una sustancia química que ayuda a mantener una función cerebral normal, pero que, en cantidades excesivas, provoca inflamación de las mucosas que revisten los ojos, la nariz y las vías respiratorias y desencadena los molestos síntomas de la fiebre del heno.

¿QUÉ FACTORES CAUSAN ALERGIAS?

Como ya se ha señalado, las alergias son el resultado de una respuesta exagerada del organismo cuando penetran en él sustancias que, en condiciones normales, serían bien toleradas. Todas las sustancias que causan reacciones alérgicas reciben el nombre de *alergenos.* En el caso de la fiebre del heno, el alergeno es el polen.

La mayoría de los alergenos son partículas proteicas que el sistema inmunitario «percibe» como invasores extraños. El sistema inmunitario es capaz de aprender a identificar la proteína específica de la sustancia invasora y de producir un antídoto químico que combata específicamente esa proteína. Ese antídoto químico recibe el nombre de *anticuerpo,* y la proteína extraña para cuya inmovilización ha sido creado se denomina *antígeno.* El nombre genérico de los múltiples tipos de anticuerpos existentes es *inmunoglobinas.* El término médico con el que se denomina a los anticuerpos que actúan expresamente en la fiebre del heno es *inmunoglobina E* (IgE).

Los principales constituyentes del sistema de defensa del organismo se encuentran en la corriente sanguínea. Se trata de los *linfocitos,* células que «patrullan» el organismo en busca de invasores extraños. Cada uno de estos combatientes tiene su propia función: los linfocitos T regulan el sistema inmunitario, son capaces de decidir si han de atacar o retirarse y, en caso necesario, entran en combate directo con los invasores; los linfocitos B segregan anticuerpos y son capaces de recordar al enemigo, de modo que en caso de producirse un ataque posterior, elaborarán el anticuerpo específico mucho más deprisa. Mientras el sistema inmunitario funcione eficazmente, el organismo podrá mantener la enfermedad a raya. (Este tema se trata con más detalle en el cap. III.)

En el caso de la fiebre del heno, cuando el polen u otra partícula presente en el aire atraviesa las mucosas que recubren los conductos nasales, los senos faciales y los pulmones, el ejército del organismo entra en acción: se inicia la producción de inmunoglobina E, que, a su vez, sensibiliza a los *mastocitos,* grandes células blancas de la sangre que abundan en las mucosas. Los mastocitos estimulados liberan sustancias químicas como histaminas y leucotrienos que ponen en marcha una reacción inflamatoria en las mucosas; éstas se hinchan y producen mayor cantidad de mucosidad. Este fenómeno se denomina *sensibilización* (v. cap. II).

ASMA

Expresiones como «tan natural como respirar» revelan hasta qué punto la respiración es para nosotros algo automático. Y, sin embargo, respirar no resulta en modo alguno natural durante un ataque de asma: el asma nos obliga a luchar por cada bocanada de aire y, en casos extremos, por la propia vida.

La palabra «asma» procede de un término griego que significa «jadear». Ya en la Antigüedad, el médico griego Hipócrates (460-370 a. de C.) recomendaba que los asmáticos evitaran gritar y procuraran no enfadarse. Sin embargo, esta afección sólo empezó a comprenderse correctamente en el siglo XVI. A finales del siglo XVII, en su *Treatise of the Asthma* (Tratado sobre el asma), sir John Floyer escribió: «todos los asmáticos sufren ataques con mayor frecuencia cuando están enfadados o tristes que cuando están alegres», afirmación que refleja los aspectos emocionales de la enfermedad. Los médicos del siglo XIX y de principios del siglo XX consideraban que el asma era una dolencia sin importancia. Oliver Holmes, un médico estadounidense, llegó incluso a referirse al asma como «un ligero trastorno que favorece la longevidad».

Aún hoy, la definición del asma sigue siendo motivo de controversia. Según una descripción que puede resultar útil para nuestros propósitos, el asma es una «afección que produce ataques recurrentes de dificultad para respirar acompañada de resuellos, cuya intensidad puede variar en horas o días, causada por un estrechamiento de las vías aéreas pulmonares». Puede afirmarse que aproximadamente una de cada veinte personas padece asma y que su incidencia entre los niños puede llegar a ser de uno de cada diez.

Los tres síntomas más característicos del asma son la tos, la respiración sibilante y la dificultad para respirar (disnea), especialmente durante un esfuerzo físico. La gravedad y la duración de estos síntomas varían según las personas. En ciertos casos se acompañan de una opresión dolorosa en el pecho y es necesario un esfuerzo enorme para vaciar los pulmones de aire, hasta el punto que los músculos del cuello y del abdomen, al intentar ayudar a los músculos torácicos, se agarrotan y endurecen.

El aire expulsado de los pulmones a través de conductos que se han hecho más estrechos produce un sonido sibilante. La respiración se ve dificultada, además, por la gran cantidad de mucosidad espumosa que se produce durante una crisis asmática y que puede provocar tos y causar incluso asfixia.

Clases de asma más comunes

El asma es una enfermedad crónica. La denominación correcta de la clase de asma más común es *asma bronquial*, que no debe confundirse con el *asma cardíaca*, una afección asociada a la dificultad respiratoria causada por insuficiencia cardíaca.

El asma bronquial está a menudo relacionada con la fiebre del heno o el eccema o con factores hereditarios. En este tipo de asma, la crisis asmática suele desencadenarse como consecuencia de factores muy concretos. Además del polen, pueden producir un ataque de asma el polvo doméstico, el pelo de ciertos animales, las infecciones, el ejercicio físico e incluso emociones. La fiebre del heno suele estar relacionada con esta forma de asma.

El asma también puede ser el resultado de una infección de las vías respiratorias. Este tipo de asma suele ser muy recurrente y reviste mayor gravedad, ya que el estrechamiento de las vías respiratorias tiende a desaparecer con mucha mayor dificultad. Por otra parte, su intensidad es muy variable e incluso desaparece durante años, para reaparecer de nuevo sin causa evidente que lo justifique.

Los padres de niños asmáticos (en el Reino Unido más de 150.000 niños en edad escolar padecen de asma) suelen preguntarse con ansiedad si sus hijos llegarán a curarse algún día. Diversos estudios sobre el tema indican que, en las tres cuartas partes de los casos, el asma ha desaparecido cuando estos niños alcanzan los 10 años de edad. Sin embargo, no hay garantías de que no reaparezca; de hecho, la tercera parte de los casos vuelve a padecerla a partir de los 20 años de edad.

Entre los adultos, al parecer tienen mayor tendencia a sufrir asma quienes fueron asmáticos en la infancia. Medidas de sentido común, como reducir al mínimo el contacto con los alergenos que desencadenan la crisis, combinadas con hábitos alimentarios y formas de vida adecuadas disminuyen la probabilidad de recurrencia de la enfermedad.

CRISIS ASMÁTICA

En nuestros pulmones se lleva a cabo un mecanismo de intercambio. El oxígeno del aire que inhalamos penetra en los pulmones y pasa a la corriente sanguínea para ser transportado a todo el organismo. Los «residuos» de anhídrido carbónico vuelven a los pulmones a través del torrente sanguíneo y abandonan el organismo cuando exhalamos el aire.

Esta función se ve dificultada durante una crisis asmática, puesto que la respiración requiere que los pulmones estén libres de obstrucciones, y el ataque de asma se debe precisamente a la obstrucción pulmonar causada por el estrechamiento de las vías respiratorias.

ESTRECHAMIENTO DE LAS VÍAS RESPIRATORIAS

Para comprender cómo se produce el estrechamiento de las vías respiratorias hay que conocer primero su estructura y la forma en que el aire pasa de los conductos nasales a los pulmones.

Las vías respiratorias están compuestas por los conductos nasales, la garganta, (parte superior de la *faringe),* las cuerdas vocales *(laringe),* la *tráquea* y las vías aéreas principales *(bronquios)* y secundarias *(bronquiolos).* La tráquea está formada por un tejido resistente y elástico denominado *cartílago,* que confiere rigidez a las paredes de la tráquea y las hace menos propensas a estrecharse.

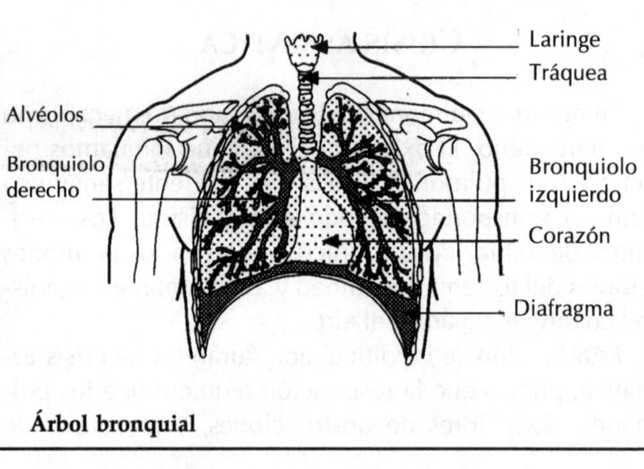

Árbol bronquial

Tanto la tráquea como los bronquios están revestidos por una mucosa que proporciona humedad y atrapa el polvo y los cuerpos extraños. Todas las vías respiratorias están recubiertas por un *epitelio,* es decir, una especie de fina piel. Sobre esa piel hay minúsculos pelos, denominados *cilios,* que barren constantemente las mucosidades en sentido ascendente hacia la garganta. Bajo el epitelio hay músculos lisos y glándulas que segregan mucosidad. Estas últimas, denominadas *glándulas bronquiales,* presentan pequeños conductos que se abren en la luz de las vías respiratorias, donde vierten las secreciones mucosas.

En las personas asmáticas, las glándulas tienden a producir una mucosidad muy viscosa que contribuye a estrechar las vías respiratorias. En los casos más graves,

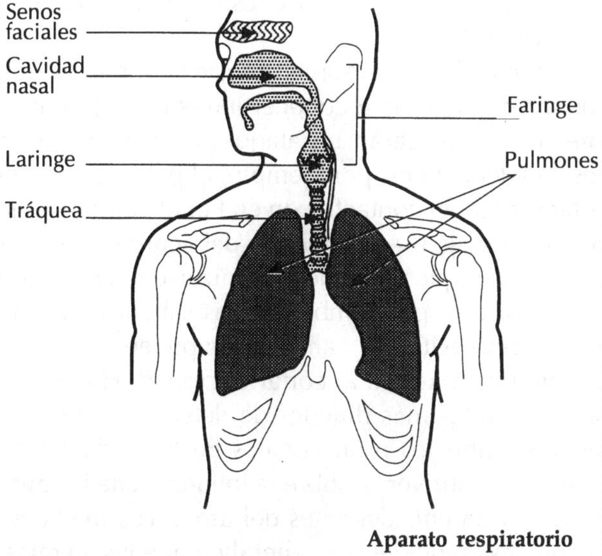

Aparato respiratorio

esa mucosidad viscosa puede obstruir la mayor parte de las vías respiratorias y llegar a causar la muerte. Pero es la hipersensibilidad del músculo liso de la tráquea y de los bronquios a distintos estímulos (como el polen, el polvo, el ejercicio físico o una infección) la que causa el ataque de asma. Las terminaciones nerviosas en el músculo liso, estimuladas por el polvo o el polen, envían una señal al cerebro. Éste responde «ordenando» al músculo liso que se contraiga y estreche las vías aéreas.

DESENCADENANTES DEL ASMA Y DE LA FIEBRE DEL HENO

Los desencadenantes más obvios son aquellos que provocan los síntomas clásicos de mucosidad y lagrimeo en la fiebre del heno y respiración sibilante y tos en el asma.

Algunas de las personas afectadas por estos trastornos son capaces de reconocer inmediatamente los factores que provocarán un ataque. Evidentemente, si el desencadenante es, por ejemplo, el pelo de un animal, es fácil evitar el contacto con él. Por el contrario, es imposible protegerse del polen o del ácaro del polvo doméstico, aunque sí puede minimizarse el contacto con ellos, por ejemplo cambiando las sábanas con mayor frecuencia, evitando salir al campo en primavera o usando una máscara al cortar el césped. Hay otros desencadenantes más difíciles de detectar, como los alimentos; entre los profesionales de la medicina existe una gran controversia sobre la influencia de los alimentos como desencadenantes del asma. Los médicos tradicionales coinciden en general en que las alergias alimentarias propiamente dichas son muy poco habituales, pero convienen en que muchas de las sustancias que ingerimos, como los aditivos y, sobre todo, los colorantes, pueden causar síntomas intestinales sin que se produzca reacción alérgica. Este trastorno se denomina *intolerancia alimentaria,* por oposición a la alergia.

DESENCADENANTES AMBIENTALES

Ácaro del polvo doméstico

- Es el alergeno más común en las pruebas de alergia.
- Está prácticamente en todas partes, pero las atmósferas cálidas y húmedas constituyen su hábitat preferido.
- Por lo general se encuentra en el polvo de las casas, sobre todo en alfombras y cortinas, en los lugares en los que se acumula el polvo, los juguetes de peluche, la ropa de cama, los colchones y las almohadas.
- Se alimenta de las escamas de la piel del ser humano; es demasiado pequeño para ser visible sin microscopio y demasiado grande para ser inhalado.
- Sus excrementos son suficientemente pequeños para penetrar en las vías respiratorias.
- Las personas alérgicas al ácaro doméstico mejoran cuando no hay ácaros en su entorno, lo cual difícilmente se logra en la práctica.

Polen

- Las plantas desprenden polen en varias épocas del año, pero sobre todo en primavera y verano.
- Ciertos árboles, hierbas y otras plantas pueden resultar especialmente molestos en primavera; entre ellos figuran el abedul, la grama común, el fleo de los prados, la pata de gallo, la artemisa, la ambrosía y la colza.
- También cabe incluir en este apartado las esporas de los mohos que crecen en el grano y sobre la vegetación que se pudre en otoño.
- El *Aspergillus,* un hongo que crece sobre las plantas en proceso de descomposición, puede ser especialmente dañino para algunas personas asmáticas.

Animales

- Los gatos son los animales que con mayor frecuencia provocan problemas como consecuencia de los alergenos que se encuentran en el pelo, la piel, la orina y la saliva.
- También los perros, los conejos, los caballos y los roedores pueden ser fuente de alergenos.

Contaminación

- El humo de los cigarrillos es, con gran diferencia, la forma de contaminación más común.
- El dióxido de azufre de los humos de las fábricas es otro contaminante digno de mención.
- Los gases de los tubos de escape de los coches y la niebla tóxica entran también en esta categoría.

Factores climáticos

- Los cambios bruscos de temperatura y del grado de humedad ambiente, sobre todo en el caso de los asmáticos.
- Un aumento del número de esporas de hongos como consecuencia de la humedad.
- Un aumento del número de granos de polen u otros contaminantes que se encuentran en el aire.

Ejercicio físico

- Es un desencadenante en las formas de asma que están relacionadas con el resecamiento y el enfriamiento de las vías aéreas pulmonares.
- Cuando el ejercicio físico se practica en un ambiente cálido y húmedo, la probabilidad de que se produzca un ataque de asma es menor.
- Las piscinas cubiertas son más recomendables que las que se encuentran al aire libre.

Alimentos

- Las alergias alimentarias son un tema controvertido entre los médicos: muchos de ellos prefieren hablar de «intolerancia alimentaria».
- No se trata realmente de una reacción alérgica que entrañe la formación de anticuerpos, sino de una reacción a una sustancia química determinada.
- Los alimentos relacionados con el asma son los productos lácteos, las nueces, los colorantes y las bebidas gaseosas.

Infecciones

- Infecciones de las vías respiratorias superiores.
- Resfriados, gripes e irritaciones de la garganta.

Medicamentos

- El *propranolol,* un medicamento utilizado para disminuir la presión arterial.
- Los medicamentos antiinflamatorios no esteroides que se utilizan para la artritis.
- La aspirina.

¿ES POSIBLE LA CURACIÓN?

Existe el consenso general entre los médicos tradicionales acerca de que no es posible curar el asma y la fiebre del heno. En consecuencia, se ha optado por producir medicamentos que permitan a los pacientes afectados controlar los síntomas, como los antihistamínicos (que neutralizan las histaminas) o los corticoides (empleados por sus propiedades antiinflamatorias). Se han ideado también otros procedimientos, como la insensibilización o las vacunas, para tratar los síntomas. En el caso concreto del asma, los broncodilatadores, medicamentos que incrementan temporalmente el diámetro de las vías respiratorias, son un tratamiento muy frecuente (v. cap. II). Quienes, por el contrario, creen en las terapias complementarias, se inclinan por examinar la causa responsable para tratar el trastorno.

Si bien la mayoría de los medicamentos proporcionan alivio a corto plazo, y son absolutamente indispensables en las crisis graves, hay ciertas medidas relacionadas con los hábitos de vida en general y con la alimentación en particular que resultan de gran ayuda para minimizar las repercusiones de estos trastornos (v. cap. III). Dado que tanto la fiebre del heno como el asma son el resultado del mal funcionamiento del sistema inmunitario, un plan de acción positivo puede ser de una utilidad inestimable para asegurar que el organismo utilice con la máxima eficacia su capacidad natural de curación. El tratamiento cotidiano de la fiebre del heno y del asma, como el de cualquier otra enfermedad, exige empezar a entender la salud no como la mera ausencia de enfermedad sino como una sensación positiva de bienestar.

En los capítulos que siguen examinaremos con detalle los signos, los síntomas y las causas de la fiebre del heno y del asma, así como las distintas opciones terapéuticas existentes para hacer frente a estas enfermedades.

II

MEDICINA TRADICIONAL: ¿QUÉ PUEDE OFRECERLE SU MÉDICO DE CABECERA?

La primera persona a la que usted acudirá para obtener asesoramiento y recibir un tratamiento para el asma y la fiebre del heno es, sin duda, su médico de cabecera. Afortunadamente, hoy en día casi todos los médicos de cabecera disponen en sus consultorios de medios adecuados para tratar casos urgentes de asma y emergencias relacionadas con alergias. Muchos de ellos tienen nebulizadores (aparatos utilizados para administrar un medicamento líquido en forma finamente pulverizada) para sus pacientes durante las crisis asmáticas. Cada vez es mayor el número de clínicas que disponen de servicios permanentes de promoción de la salud, y es frecuente que las enfermeras dirijan un servicio para asmáticos o alérgicos a fin de supervisar la evolución de los enfermos y ayudarlos a elegir y a utilizar alguno de los múltiples inhaladores existentes.

La mayoría de los médicos son ya conscientes de la importancia de que el paciente entienda la forma en que actúa un tratamiento determinado. En los trastornos alérgicos como el asma y la fiebre del heno es especialmente importante que se establezca entre el paciente y el médico de cabecera o la enfermera una cooperación adecuada para tratar la enfermedad. Esta cooperación ayudará al enfermo no sólo a determinar qué factores desencadenan su problema, sino también a tomar las medidas preventivas pertinentes siempre que sea posible. Sobre todo, le permitirá asumir la responsabilidad de su propia salud, comprender la enfermedad y, por consiguiente, actuar con rapidez en una emergencia.

Examinemos para empezar la fiebre del heno, un trastorno menos grave que el asma.

¿CÓMO SABER SI TIENE FIEBRE DEL HENO?

En muchos casos, el diagnóstico de la fiebre del heno es bastante sencillo, sobre todo cuando los síntomas aparecen siempre en la misma época del año y duran el mismo número de semanas. Es probable que un porcentaje muy elevado de personas que padecen esta dolencia no se molesten siquiera en acudir a su médico de cabecera y opten por soportar los síntomas con resignación, o bien por tratarlos con medicamentos de venta libre en la farmacia más próxima.

Sin embargo, no siempre es fácil dictaminar si un niño padece de fiebre del heno. Los padres, e incluso los médicos, confunden en ocasiones los síntomas con una sucesión de resfriados e infecciones víricas. La fiebre del heno es excepcional entre los niños menores de tres años, y poco frecuente entre los menores de cinco. Los niños que tienen fiebre del heno presentan a menudo unos rasgos faciales característicos. Asimismo, suelen frotarse la nariz o los ojos, respiran por la boca y roncan. Los niños que padecen este trastorno pueden desarrollar un pliegue permanente en el puente de la nariz, debido a que la frotan constantemente hacia arriba con la palma de la mano, actitud ésta que recibe el nombre de «saludo alérgico».

Los niños *atópicos* (es decir, con una predisposición de carácter hereditario a padecer diversas afecciones alérgicas) pueden presentar también ojeras, que se deben a la lentitud del flujo sanguíneo alrededor de la nariz taponada.

Un niño que padece de fiebre del heno puede desarrollar asma al mismo tiempo: así ocurre en alrededor del 5 % de los casos. Por ello, es importante que, si está usted preocupado, consulte a su médico de cabecera. Normalmente, éste probará un tratamiento y controlará la evolución de su hijo a lo largo de varias semanas.

DETECTAR UNA ALERGIA PARA EVITARLA

Algunas personas son alérgicas a una sola sustancia, por ejemplo el polen de una especie vegetal determinada. El goteo nasal, el picor de ojos y los estornudos clásicos pueden comenzar de manera muy brusca y permiten determinar con claridad el origen de los síntomas. Sin embargo, muchos adultos son alérgicos a más de una sustancia. Puede tratarse del polen o de ciertos árboles, plantas herbáceas o mohos. La respuesta al alergeno se retrasa en ocasiones hasta 24 horas. La mayoría de los niños atópicos tienen alergias múltiples.

Las alergias de la infancia pueden cambiar y evolucionar con el tiempo, a medida que el niño crece y se expone a nuevas sustancias. El problema se complica cuando la fiebre del heno ha comenzado en la infancia y, posteriormente, la mucosa nasal se vuelve más sensible a otras sustancias irritantes, como el humo de los cigarrillos o los perfumes. El contacto con estas sustancias irritantes puede evitarse en gran medida hasta que se inicia el tratamiento. Es muy útil llevar un diario de los síntomas y las actividades del niño a fin de determinar qué alergeno concreto actúa como desencadenante.

Una forma de detectar la existencia de una alergia consiste en realizar una *prueba cutánea,* bien en una clínica especializada en alergias, bien bajo la supervisión de un dermatólogo. Se aplican sucesivamente sobre la piel soluciones preparadas con diversos pólenes, mohos, etc., y se efectúa un pequeño corte en la zona de aplicación para que el preparado penetre bajo la superficie cutánea. El enrojecimiento y la hinchazón de la piel indican una reacción alérgica. Los médicos de cabecera sólo remiten a una pequeña proporción de sus pacientes al especialista para que éste realice una investigación en profundidad; además, los resultados de tales investigaciones sólo son de ayuda para un pequeño número de esos pacientes.

Para la mayoría de las personas, evitar el contacto con alergenos como el polen es prácticamente imposible. El polen es transportado con gran facilidad por el aire, incluso en el interior de las casas. Ciertos enfermos optan por ir de vacaciones a zonas de playa, donde la cantidad de polen presente en el aire es generalmente menor. Con todo, la mayoría de los afectados necesitará tratamiento médico para llevar su vida diaria con normalidad.

TRATAMIENTOS

Todo el que padece de fiebre del heno desea encontrar un tratamiento eficaz que no tenga efectos secundarios. Aunque la medicina moderna no ha encontrado aún el «remedio» para esta enfermedad se han desarrollado procedimientos y medicamentos para aliviar los síntomas.

Antihistamínicos

Son los fármacos prescritos con mayor frecuencia para tratar la fiebre del heno. Existen muchos antihistamínicos en forma de comprimidos y jarabes, e incluso algunos de acción prolongada que se toman una vez al día y son de venta libre (se venden sin receta). Actúan bloqueando la acción de la histamina. Un gran inconveniente de muchos de los primeros antihistamínicos desarrollados era que causaban somnolencia, efecto que no suelen producir los preparados más modernos, como la terfenadina y el astemizol. No obstante, dicho efecto aparece en ciertas personas, que no deberían conducir vehículos ni manejar maquinaria mientras toman este tipo de medicación. Los preparados de acción prolongada no están indicados para los niños. Los médicos de cabecera a menudo recomiendan un medicamento denominado prometazina (nombre comercial: Frinova) que debe tomarse tres o cuatro veces al día.

Medicamentos antialérgicos

El cromoglicato sódico (nombre comercial: Rinofrenal), desarrollado a finales de los años sesenta, es un fármaco que actúa sobre las mucosas nasal y ocular, impidiendo la entrada de calcio en las células, con lo cual se inhibe la secreción de histaminas. En otras palabras, estabiliza las células de la membrana e impide que reaccionen a los alergenos. Sin embargo, una vez que se ha iniciado la secreción de histaminas, el cromoglicato sódico es incapaz de detener su acción. Este medicamento debe tomarse a lo largo de toda la estación de la fiebre del heno, con independencia de que la persona presente síntomas o no. El cromoglicato sódico, disponible en forma de gotas para los ojos o de aerosol nasal, sólo es eficaz si se utiliza con regularidad y, en ciertos casos, debe administrarse como mínimo cuatro veces diarias.

Corticoides

Por sus propiedades antiinflamatorias, los corticoides son eficaces para tratar las formas graves de fiebre del heno y de asma. Suprimen la respuesta inmunológica y proporcionan alivio a corto plazo. Existe cierta controversia con respecto a su empleo a largo plazo, puesto que la supresión de la respuesta inmunológica puede dañar al propio sistema inmunitario. Además, si se administran durante largos períodos, pueden tener efectos secundarios desagradables.

Los *corticoides de aplicación local* se administran en forma de aerosol y se recetan en la actualidad a menudo tanto a adultos como a niños. La beclometasona (nombre comercial: Beconase Nasal) y la budesonida (nombre comercial Rhinocort) han demostrado ser más eficaces que el cromoglicato sódico y tienen escasos efectos secundarios inmediatos. Se toman dos veces al día y empiezan a surtir efecto a los dos días; su acción se intensifica después y se prolonga durante varias semanas. Puede administrarse en aerosol líquido, que no suele plantear dificultades de uso, o seco. Los médicos recomiendan estos aerosoles sobre todo porque previenen la formación de pólipos nasales (pequeñas excrecencias en el interior de la nariz) asociados a veces a la fiebre del heno y a las alergias.

Los *corticoides orales,* como la prednisolona (nombre comercial: Dacortin) proporcionan un alivio rápido a las personas que presentan síntomas agudos. Los médicos suelen recetarlos en tratamientos de dos o tres semanas o de manera intermitente cuando la cantidad de polen en el aire es elevada. El riesgo de que produzcan efectos secundarios es muy reducido y no es necesario disminuir las dosis. Son muy útiles para ocasiones especiales, como entrevistas, bodas y exámenes. Una vez que empiezan a surtir efecto, dan al enfermo la seguridad de que es posible aliviar los síntomas a la espera de que se inicien otros tratamientos.

Los *corticoides inyectables*son el último recurso para las personas que presentan síntomas muy graves y que no están dispuestas a tomar otro tipo de medicación o no encuentran alivio con otro tratamiento. La triamcinolona (nombre comercial: Trigon Depot) es un ejemplo de este tipo de medicamento. Estos corticoides se inyectan profundamente en el músculo de la nalga; su efecto suele iniciarse a las 48 horas y dura varias semanas en la mayoría de los casos. Los corticoides inyectables permanecen en el organismo durante varios meses y sus efectos son irreversibles una vez administrados. En el caso de las mujeres, pueden interferir en el sistema hormonal y provocar una menstruación irregular. Es poco habitual que se administren de manera prolongada para tratar la fiebre del heno y pueden provocar atrofia del músculo alrededor del lugar donde se aplica la inyección.

Este tipo de tratamiento no goza de gran aceptación porque, una vez iniciado, muchas personas lo encuentran «adictivo». Por ello, es conveniente que el paciente lo discuta detenidamente con su médico de cabecera antes de tomar una decisión. Recuerde también, si está considerando la posibilidad de un embarazo, que los prolongados efectos de los corticoides pueden perjudicar el desarrollo del feto.

Descongestionantes

Para aliviar rápidamente la congestión nasal asociada a la fiebre del heno existen descongestionantes de acción rápida que se administran directamente por la nariz y que pueden adquirirse sin receta en cualquier farmacia. Ahora bien, sus efectos son breves y bastante variables. Estos medicamentos pierden eficacia si se abusa de ellos y su utilización prolongada puede dañar la delicada mucosa nasal.

Desensibilización

Este procedimiento consiste en inyectar en el organismo pequeñas cantidades de alergenos purificados a fin de que el sistema inmunitario se vuelva «tolerante» a la sustancia. El problema es que puede causar reacciones locales e incluso una reacción alérgica de todo el organismo que produzca un shock grave, con resultados mortales en algunos casos.

Con todo, la desensibilización puede resultar beneficiosa para un reducido número de personas, en especial las que son sensibles a una sola sustancia, habitualmente un tipo de polen. En cualquier caso, es muy recomendable que quien opte por someterse a un tratamiento de desensibilización lo haga bajo la supervisión de un especialista y en un hospital que disponga de un equipo de reanimación. La desensibilización puede salvar la vida en casos de alergia grave a las picaduras de abeja, pero no es muy eficaz para la mayoría de las personas que padecen de fiebre del heno. Empezó a utilizarse en los años setenta, pero hoy en día ha perdido aceptación en la profesión médica.

Asma: una afección grave

El asma es un trastorno que afecta a personas jóvenes y ancianas por igual. En una época se consideró que era una enfermedad propia de personas sensibles y de buena familia. En la actualidad hay más de dos millones de asmáticos en Gran Bretaña, y, aunque la capacidad de diagnóstico y los tratamientos disponibles han mejorado considerablemente, el asma sigue cobrándose cada año la vida de dos mil personas, cincuenta de las cuales son niños. Según un estudio sobre la tasa de mortalidad de los asmáticos, un número importante de muertes se produce porque el paciente o el médico de cabecera no reconocen la gravedad del problema. Se cree que la mitad de los casos mortales se deben a un tratamiento inadecuado, en especial a que no se utilizaron corticoides a tiempo. Aunque muchos niños dejarán de ser asmáticos con el tiempo, el asma debe considerarse siempre una afección crónica e impredecible.

Recientemente se han realizado varios estudios para determinar el grado de comprensión del asma por parte de los enfermos. Casi todos estos estudios revelaron que los asmáticos que comprenden bien todos los aspectos de su enfermedad suelen tomar su medicación con regularidad y tienen menos probabilidades de sufrir un ataque grave. En los países en los que los medicamentos, incluidos los inhaladores, se venden sin receta, la gente acude al médico con menor frecuencia. Un estudio reciente sobre personas asmáticas que compraban medicamentos sin receta ha demostrado que tenían un asma muy mal controlada, lo cual destaca la necesidad de que los asmáticos consulten con un profesional de la medicina y de que éste siga de cerca su evolución.

Un problema especial para los niños

El asma puede comenzar en la infancia, a menudo como consecuencia de una infección pulmonar o de una gripe. Aproximadamente el 11 % de los muchachos y muchachas de 17 años ha tenido al menos un episodio de dificultad respiratoria en sus vidas; a los 10 años de edad, el 20 % ha presentado algún síntoma.

Un episodio aislado de dificultad respiratoria debido, por ejemplo, a una infección vírica no basta para establecer el diagnóstico de asma. Para confirmarlo deben haberse producido ataques recurrentes, acompañados a menudo de otros trastornos atópicos. No es raro que un bebé de muy corta edad presente de forma esporádica una respiración sibilante, porque sus vías respiratorias son muy sensibles a cualquier desencadenante. Ahora bien, las probabilidades de que padezca asma más adelante aumentan si tiene episodios recurrentes.

En el caso de los bebés, antes de diagnosticar una afección asmática es preciso descartar otras enfermedades, como fibrosis quística, trastornos cardíacos o pulmonares congénitos o traqueobroncomalacia.

Los tratamientos disponibles para problemas respiratorios en los bebés de menos de un año de edad resultan en general insatisfactorios. En efecto, los broncodilatadores, medicamentos que se emplean para «abrir» las vías aéreas estrechas, no tienen efecto en los bebés, ya que actúan sobre las musculatura lisa que rodea el árbol bronquial, que apenas se ha desarrollado en los niños hasta los 12 o 15 meses de vida.

No obstante, en la mayoría de los casos es relativamente fácil diagnosticar una afección asmástica en un niño. Es muy posible que haya en la familia antecedentes de asma, eccema o fiebre del heno. Si uno de los padres del niño tiene asma, hay un 25 % de probabilidades de que éste herede el trastorno; cuando tanto el padre como la madre padecen la enfermedad, las probabilidades aumentan al 40 %.

En la mayoría de los niños, el problema tiene un origen alérgico. Varios estudios han demostrado que una gran proporción (alrededor del 80 %) de los niños asmáticos son alérgicos al ácaro del polvo doméstico, pero también se han mencionado muchos otros alergenos. El asma puede estar relacionada asimismo con la exposición a factores desencadenantes de la fiebre del heno, como el pelo de ciertos animales, las plumas, ciertas plantas herbáceas y el polen.

Los animales domésticos son una fuente de alergenos fácilmente identificable. Todos los miembros de la familia de los felinos causan síntomas con especial frecuencia como consecuencia de la inhalación de minúsculas partículas de su piel o de su pelo. Se sabe que los artistas de circo, los veterinarios y el personal de los zoológicos que trabaja en contacto con los animales presentan reacciones de tipo alérgico a los leones, los tigres y los jaguares. También los hámsters, las cobayas, las ratas y los ratones pueden causar reacciones alérgicas.

FACTORES DESENCADENANTES

Se denomina *factor desencadenante* a todo aquello que, sin ocasionar una respuesta alérgica propiamente dicha, provoca una reacción de las vías respiratorias, especialmente sensibles, de las personas asmáticas (v. cap. I).

Emociones

En una época se pensó que los que sufrían de asma eran personas «excesivamente sensibles»; esta afección se consideraba en general un trastorno psicosomático, derivado, quizá, de conflictos familiares en la infancia. Hoy sabemos que el asma es ciertamente un trastorno físico y que las personas asmáticas no son más sensibles que el resto de la población: emociones como el llanto, la risa e incluso la ansiedad pueden desencadenar una crisis asmática, pero no son en modo alguno la causa del asma. Es indudable que, en los casos graves, el asma puede ser alarmante y causar una enorme angustia, no sólo a quien la padece sino también a sus familiares. Puede originar problemas de rivalidad entre hermanos, ya que es probable que los hermanos de un niño asmático sientan que éste ocupa una parte excesiva de la atención de los padres. Algunos niños adquieren una notable maestría en el arte de presentar síntomas cuando les conviene, y es comprensible que a los padres les resulte difícil no ceder a sus exigencias.

Ejercicio físico

El ejercicio es otro desencadenante habitual: una actividad física lo bastante enérgica puede desencadenar ataques en el 80 % de los niños asmáticos, probablemente como consecuencia, al menos en parte, del resecamiento de las vías respiratorias. Por esta razón, durante un tiempo se pensó que el ejercicio físico era perjudicial para los niños asmáticos. Sin embargo, los expertos consideran en la actualidad que el ejercicio físico, con moderación y bajo control, puede resultar beneficioso en muchos casos. En un simposio internacional sobre el asma infantil, el juego y el deporte celebrado en 1982, se hicieron las siguientes recomendaciones:

- Controlar la intensidad y la duración del ejercicio físico.
- Realizar calentamientos prolongados.
- Hacer pausas durante el entrenamiento.
- Evitar el ejercicio físico cuando el aire es frío y seco.
- Mejorar la forma física aerobia.

Es probable que la natación sea la mejor forma de ejercicio físico: se ha comprobado que las crisis asmáticas son menos graves cuando se practica este deporte.

Factores climáticos

Debido a la mayor sensibilidad de las vías respiratorias característica de esta enfermedad, los cambios climáticos bruscos pueden desencadenar ataques de asma. El calor y la humedad parecen ser más indicados para los asmáticos que el aire frío y seco. Sin embargo, cuando el tiempo es soleado también hay más polen en el aire, y, por consiguiente, los ataques son más frecuentes. También se producen ataques durante los días húmedos, los días de finales de verano y otoño, al aumentar la cantidad de mohos en la atmósfera. Pasar unas vacaciones en un ambiente diferente, en el mar o en la montaña, puede resultar útil.

Contaminación

La fuente más evidente de contaminación es el humo de los cigarrillos. Un estudio reciente ha demostrado claramente que los niños que viven con fumadores tienen más propensión a padecer asma. El humo puede actuar como un factor de sensibilización. Nadie duda ya de sus propiedades irritantes, y se sabe que los niños que viven con fumadores tienen más probabilidades de desarrollar infecciones pulmonares.

Asma nocturna

Es bastante común que los niños tengan problemas de asma durante la noche, que se manifiestan por una tos persistente o bien por mayores dificultades para respirar. Durante un tiempo se creyó que el nivel de corticoides del organismo disminuía por la noche, pero estudios posteriores han descartado esta posibilidad. La sensibilidad al ácaro del polvo doméstico puede ser un desencadenante del asma nocturna, al igual que la alergia a las plumas. Siempre que sea posible hay que evitar todo contacto con animales domésticos. Sin embargo, a pesar de estas medidas algunos niños siguen presentando mayores dificultades respiratorias por la noche, y es probable que ello se deba a otros factores aún desconocidos. El hecho de que un niño tenga problemas por la noche puede indicar que el asma está mal controlada y que el tratamiento debe ser reconsiderado detenidamente, por lo que es muy recomendable consultar con el médico de cabecera.

Lo más conveniente es acudir al médico ante el primer episodio de dificultad respiratoria leve y transitoria del niño.

DIAGNÓSTICO DEL ASMA

Aunque ocurre en algunos casos, es relativamente poco habitual que un niño sufra un episodio súbito de dificultad grave para respirar. Es mucho más común que presente una respiración sibilante (con una infección de las vías respiratorias superiores) o una tos persistente por la noche o después de hacer ejercicio.

Ante esta situación, el médico de cabecera suele preguntar a los padres del niño sobre posibles antecedentes familiares y posibles factores desencadenantes. Dado que las dificultades respiratorias son a veces intermitentes, puede ocurrir que el niño no presente síntoma alguno en el momento del reconocimiento médico. Si el ejercicio físico parece ser un desencadenante del problema, bastará en general con hacer una prueba de esfuerzo: el médico pedirá al niño que corretee durante seis minutos como mínimo y volverá a auscultarlo para comprobar si su respiración es sibilante. Una parte muy importante del reconocimiento médico es la medición del flujo respiratorio máximo, cuyo objetivo es evaluar el grado de obstrucción causado por el estrechamiento de las vías respiratorias. Se pide al paciente que sople en un aparato que mide el flujo respiratorio, a fin de determinar la velocidad máxima a la que es capaz de expulsar el aire de los pulmones. La velocidad varía según el sexo, la edad y la altura de la persona: aumenta con la edad hasta alcanzar su valor máximo hacia los 35 años y a continuación empieza a disminuir lentamente. Si el flujo respiratorio máximo es inferior al normal en un 15 % o más y el paciente tiene antecedentes de predisposición al asma, es posible establecer el diagnóstico de asma con bastante certeza.

Investigación clínica

La mayoría de los niños y muchos adultos no requieren investigaciones clínicas especiales porque el diagnóstico de asma no plantea la menor duda. Ahora bien, cuando la enfermedad parece ocasionar discapacidades graves en el niño y, en la mayoría de los casos, cuando los ataques requieren hospitalización, es indispensable realizar una investigación clínica más detenida, que en general consiste en radiografías de tórax y, en ocasiones, análisis de sangre para determinar si el enfermo responde a un alergeno en particular. En términos generales, los niños que presentan dificultades respiratorias de intensidad leve o moderada no suelen precisar pruebas especiales.

Intensidad

La intensidad de las crisis asmáticas es variable. La profesión médica ha clasificado las formas de asma según su mayor o menor intensidad. Es útil conocer esta clasificación porque permite prever el pronóstico y, en gran medida, deducir el tratamiento que debe seguir el niño.

Asma infrecuente y episódica

Es la forma más leve de asma y la más común entre los niños de 4 a 6 años. Suele aparecer a continuación de una infección de las vías respiratorias superiores. El 75 % de los niños asmáticos padecen esta forma de asma.

Asma frecuente y episódica

Se incluye en esta categoría a los niños que presentan más de seis episodios al año. Los desencadenantes más habituales son los virus y el ejercicio físico, aunque las alergias desempeñan también un papel importante. El 20 % de los niños asmáticos sufren esta forma moderada de asma.

Asma crónica persistente

Esta forma de asma se caracteriza por una obstrucción persistente de las vías respiratorias. Los niños que la padecen son casi siempre atópicos, es decir, presentan múltiples alergias, y pueden padecer de fiebre del heno y eccema. Esta forma más grave de asma afecta al 5 % de los niños asmáticos. Puede ser responsable de un importante absentismo escolar y de retrasos de crecimiento (este último tema se trata con más detalle en la pág. 64).

Perspectivas para los niños asmáticos

Dependen en gran medida de la gravedad del trastorno. Las tres cuartas partes de los niños que padecen asma infrecuente y episódica habrán dejado de presentar dificultades para respirar a los 14 años de edad, mientras que sólo el 20 % de los que sufren asma crónica y persistente se habrán curado a esa edad.

Por desgracia, el asma puede ser una afección recurrente, y aunque muchos niños se liberan de ella durante varios años, puede reaparecer al llegar a la edad adulta sin que haya razones claras que lo expliquen. Es, pues, doblemente importante conocer los factores desencadenantes.

Asma en los adultos

El diagnóstico puede resultar complicado, porque además del asma hay otros trastornos que causan sibilancias, como la insuficiencia cardíaca, la bronquitis crónica o el enfisema (esta última enfermedad se denomina también *enfermedad pulmonar obstructiva crónica).* La presencia de ciertos productos químicos en el entorno laboral también puede causar asma. Un ejemplo lo constituyen los isocianatos, que se utilizan en la fabricación de plásticos y para aplicar pintura con pistola pulverizadora. Estas sustancias químicas pueden sensibilizar los pulmones a otros factores desencadenantes. También puede haber antecedentes de una supuesta bronquitis en la infancia que, tras una investigación más detenida, resulte ser un trastorno asmático no diagnosticado.

Los adultos pueden presentar además complicaciones adicionales, en el sentido de que el asma coexiste a menudo con otros problemas. Una persona que padece un enfisema, por ejemplo, puede desarrollar asma.

Se ha comprobado que los adultos se resisten con frecuencia a admitir la existencia de un trastorno asmático; así ocurre, sobre todo, en el caso de ciertos ancianos, que recuerdan los sufrimientos de amigos o parientes asmáticos en la época en que no existían aún los inhaladores y los tratamientos más modernos. A menudo resulta más trabajoso convencer a las personas de mayor edad que a los niños de la necesidad de seguir escrupulosamente el tratamiento.

DIAGNÓSTICO Y SEGUIMIENTO: EL MEDIDOR DEL FLUJO RESPIRATORIO MÁXIMO

Este aparato, de fundamental importancia, sirve para medir la velocidad máxima a la que puede expulsarse el aire de los pulmones (se trata de una simple medición del diámetro de las vías aéreas). La velocidad de expulsión del aire varía con la edad, el sexo y la altura; alcanza su valor máximo alrededor de los 35 años de edad y a continuación disminuye lentamente. Estos aparatos pueden adquirirse en las farmacias con receta médica. Un flujo respiratorio máximo inferior al normal en un 15 % o más indica una obstrucción al paso del aire y una afección asmática, pero las vías aéreas de los asmáticos pueden presentar una variación mucho mayor con respecto al valor normal (hasta un 50 %).

Cuando hay dudas acerca del diagnóstico, el medidor del flujo respiratorio puede ser de gran utilidad, sobre todo para los niños que tosen por las noches pero no presentan síntoma alguno durante el día.

Este medidor ayuda a la persona asmática a reconocer la llegada de un ataque. Algunos enfermos no son conscientes de que están sufriendo un ataque grave hasta que éste está ya muy avanzado. El medidor sirve también para comprobar la mejoría obtenida con el tratamiento, y por ello puede incentivar a los adultos y a los niños a tomar su medicación con regularidad. La técnica de soplar con fuerza en la boquilla se aprende fácilmente con la práctica.

TRATAMIENTO MÉDICO

Hay medicamentos que alivian inmediatamente la dificultad respiratoria *(broncodilatadores)* y medicamentos que se utilizan para la prevención y el tratamiento del asma a más largo plazo.

Broncodilatadores betaadrenérgicos

Constituyen el tratamiento más común (p. ej. el salmeterol y la terbutalina). Están relacionados con la hormona adrenalina, pero tienen una acción muy específica de relajación y dilatación de la musculatura lisa que rodea las vías aéreas. Tienen un efecto pulmonar más específico que la adrenalina, pero, al igual que ésta, pueden acelerar los latidos del corazón (frecuencia cardíaca). Se utilizan sobre todo en inhaladores, pero también pueden administrarse en jarabes a los niños de corta edad o mediante nebulizadores o bien, en caso de emergencia, en inyecciones que debe aplicar un médico.

El salmeterol es un nuevo broncodilatador betaadrenérgico que se ha utilizado en los tres últimos años en adultos, pero cuya administración a niños sólo ha sido autorizada hace poco. Se distingue de los demás broncodilatadores betaadrenérgicos por tener unos efectos mucho más prolongados (12 horas como mínimo). Dos estudios recientes han demostrado que está especialmente indicado para los síntomas inducidos por el ejercicio físico en los niños. También resulta de gran utilidad para tratar los síntomas nocturnos en los adultos.

El salbutamol (nombre comercial: Avantol), administrado en comprimidos que liberan el medicamento lentamente, puede resultar útil para los síntomas nocturnos en pacientes que no pueden o no quieren utilizar inhaladores con corticoides.

Anticolinérgicos

Los anticolinérgicos actúan bloqueando las señales que el organismo envía a los pulmones a través del nervio vago, su principal conexión nerviosa. Pueden administrarse en forma de inhalación, nebulización o jarabe. Pueden ser útiles en niños de muy corta edad que no encuentran alivio con otros tratamientos, y en ocasiones se emplean en combinación con otros broncodilatadores.

Derivados de la xantina

Los derivados de la xantina dilatan los bronquiolos. Estos medicamentos, cuyo principio activo es la teofilina o la aminofilina (nombre comercial: Eufilina), se utilizan en comprimidos o, con menor frecuencia, en inyecciones y están relacionados con la cafeína. En el caso de los niños, también pueden administrarse en jarabes, aunque causan a veces molestias gástricas, náuseas y vómitos. Los derivados de la xantina dilatan los bronquiolos.

TRATAMIENTO PREVENTIVO DEL ASMA

Estos tratamientos sólo son realmente necesarios para quienes tienen más de seis episodios de dificultad respiratoria al año. Toda persona cuya enfermedad haya requerido una hospitalización debe, sin duda, considerar la posibilidad de un tratamiento preventivo. Hemos incluido en este epígrafe los corticoides, aunque se utilizan en ocasiones para tratar episodios agudos de asma. Surten efecto al cabo de varias horas.

Medicamentos antialérgicos

El cromoglicato sódico y el nedocromilo pertenecen a esta categoría.

Estos medicamentos pueden ser de utilidad para los adultos cuando se administran por vía nasal u ocular, pero rara vez resultan eficaces cuando se administran con inhalador. También pueden utilizarse con nebulizador. Son eficaces en niños que tienen una alergia concreta y conocida o asma inducida por el ejercicio físico. Lo ideal es tomarlos 15 minutos antes de empezar la práctica de ejercicio. Como todos los medicamentos preventivos, estos antialérgicos deben tomarse con regularidad para ser eficaces, y el tratamiento dura normalmente un mínimo de seis meses. Ejercen ciertos efectos antiinflamatorios en el árbol bronquial, pero en la actualidad se cree que los corticoides inhalados son mucho más eficaces para reducir la inflamación a largo plazo, y es probable que el cromoglicato sódico se utilice cada vez menos en el futuro en personas que padecen formas graves de asma.

Corticoides

Estos medicamentos constituyen hoy el pilar del tratamiento para las formas moderada o grave de asma, pero siguen suscitando una gran preocupación en los padres de niños asmáticos por sus efectos secundarios a largo plazo. Muchos adultos temen también volverse adictos a este tipo de medicamentos.

Hoy se sabe que la inhalación de corticoides en dosis de hasta 400 microgramos (µg) diarios no inhibe el crecimiento en los niños. Se ha sugerido que dosis superiores pueden retrasar ligeramente el crecimiento. Estas consideraciones se aplican asimismo a los niños que necesitan tomar con frecuencia corticoides por vía oral. Sin embargo, hay pruebas concluyentes de que estos niños recuperan el ritmo normal de crecimiento cuando se reduce la dosis de corticoides y alcanzan con el tiempo la estatura esperada. Hay que recordar que el asma grave y crónica puede retrasar por sí misma el crecimiento.

La mayoría de los asmáticos no necesitan tomar corticoides por vía oral, sino que pueden controlar su asma mediante inhalaciones regulares de alguno de los preparados disponibles, utilizando inhaladores o, en las crisis agudas, nebulizadores. Un tratamiento corto con corticoides orales, como la prednisolona, tomada en comprimidos durante una o dos semanas puede salvar la vida del asmático y probablemente evitar una hospitalización.

Ketotifeno

Este medicamento, que se toma en comprimidos, es un antihistamínico que tiene también ciertas propiedades antialérgicas. Probablemente resulte útil para ciertas personas, pero puede causar somnolencia y se utiliza cada vez menos en la actualidad.

Medicamentos experimentales

Experimentos muy recientes indican que ciertos medicamentos que se utilizan en tratamientos para el cáncer y en trasplantes de órganos pueden ser útiles para tratar el asma. El metotrexato, empleado en el tratamiento de la leucemia y otros tipos de cáncer, se ha empleado con carácter experimental en muy pequeñas dosis con excelentes resultados en ciertos asmáticos. La ciclosporina, que se utiliza en los trasplantes, también ha dado resultados alentadores. Sin embargo, ambos medicamentos tienen graves efectos secundarios, por lo que es dudoso que lleguen a utilizarse para tratar el asma.

Desensibilización

La desensibilización como tratamiento para el asma ha perdido adeptos en la profesión médica por las razones indicadas anteriormente. Puede resultar beneficiosa para ciertos enfermos, pero en general sólo para los que son alérgicos a una única sustancia. El tratamiento habitual con inhaladores resulta mucho más eficaz para la mayoría de las personas asmáticas.

¿QUÉ INHALADOR UTILIZAR?

El inhalador es una simple cajita metálica a presión con una boquilla. La mayoría de adultos lo utiliza sin dificultad, pero los niños tienen a veces problemas de coordinación y pueden encontrar más útiles aparatos accionados por la respiración como el *spinhaler* o el *autoinhalador*. Estos aparatos pueden acoplarse a una boquilla que permite inhalar el medicamento más lentamente.

Los aparatos accionados por la respiración resultan también más cómodos para los adultos con problemas de coordinación o discapacidades que les impiden emplear el inhalador común. Los inhaladores de polvo seco, que son muy compactos, son los preferidos de los niños más mayores, porque pueden llevarse cómodamente en el bolsillo.

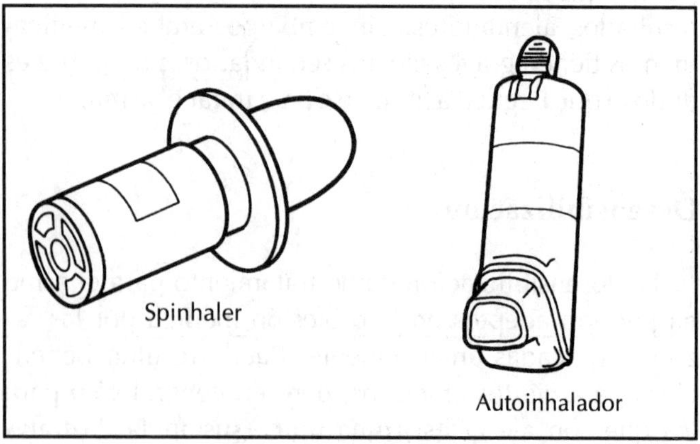

Nebulizadores

Suelen emplearse para crisis asmáticas agudas; algunos adultos y niños con problemas graves tienen su propio nebulizador.

Se recomienda consultar con el médico de cabecera antes de adquirir un nebulizador: resulta innecesario para la mayoría de los asmáticos, aunque está indicado para las personas que son incapaces de utilizar inhaladores y para los niños de corta edad. El nebulizador suministra altas dosis del medicamento de que se trate y, cuando se utiliza bajo supervisión médica, permite a menudo abortar una crisis y prevenir la hospitalización.

Utilización del nebulizador

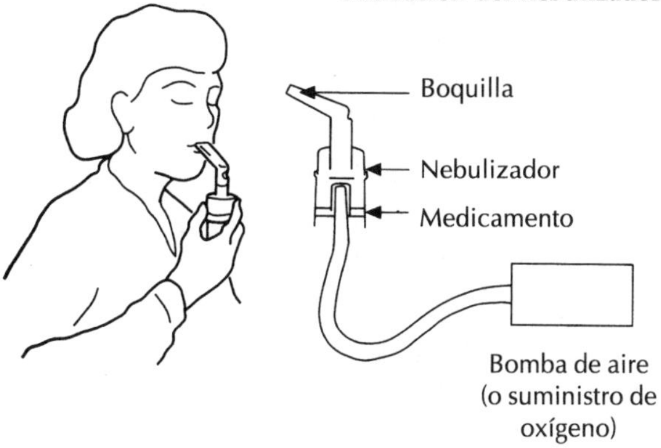

Crisis agudas

Normalmente, los desafortunados asmáticos que sufren crisis muy graves deben estar en contacto regular con su médico. Algunos necesitarán tener en casa su propio nebulizador y muchos deberán llevar siempre consigo corticoides de administración oral que puedan empezar a tomar ante el primer signo de una crisis aguda.

Es absolutamente indispensable que estos pacientes reciban un buen tratamiento preventivo, que suele consistir en la inhalación de corticoides y el uso de broncodilatadores. La mayoría de las personas que sufren crisis asmáticas graves deberían medir regularmente su flujo respiratorio máximo para detectar el momento en que está disminuyendo y empezar a tomar corticoides orales o buscar ayuda médica antes de desarrollar síntomas graves.

III

NUTRICIÓN: LOS ALIMENTOS COMO MEDICINA

Nuestros hábitos alimentarios pueden influir en la frecuencia de las crisis de fiebre del heno y de asma. Es importante ser consciente de ello, ya que la alimentación es precisamente el ámbito sobre el que podemos ejercer mayor control.

La persona asmática debería procurar seguir una dieta de alimentos integrales y eliminar todos los aditivos químicos y otros alergenos alimentarios conocidos, como el trigo y la leche. Este tipo de dieta suprime ciertos factores que estimulan la aparición de ataques de asma y de fiebre del heno y aporta toda una gama de nutrientes vitales.

Sin embargo, no basta con evitar los alimentos que desencadenan ataques: también es preciso eliminar las toxinas y sustancias nocivas que impiden al sistema inmunitario funcionar en condiciones óptimas. En un experimento de larga duración realizado con 25 pacientes asmáticos que siguieron una dieta vegetariana estricta se comprobó que la supresión de los alergenos de origen alimentario más comunes conseguía mejoras significativas. Esta dieta excluía totalmente las carnes, el pescado, los huevos y los productos lácteos, así como el té, el café, el chocolate, el azúcar y la sal. Los pacientes podían comer verduras como lechuga, zanahoria, cebolla, apio, col, coliflor, brécol, ortigas, pepino, rábanos, diversas judías y legumbres. Se limitó la ingestión de cereales y de cítricos, pero se autorizó el consumo ilimitado de arándanos, moras amarillas, fresas, frambuesas, grosellas, peras y ciruelas. El 71 % de los enfermos respondió al tratamiento en cuatro meses; al cabo de un año, el 92 % mostraba ya una notable mejoría.

Este tipo de dieta ayuda también a reducir la cantidad de leucotrienos que produce el organismo. Los leucotrienos son derivados de un ácido graso denominado *ácido araquidónico,* que se encuentra sólo en los productos animales, y tienen un efecto de constricción bronquial mucho más intenso que las histaminas.

Los alimentos que ayudan a reconstituir el arsenal defensivo del organismo son también de vital importancia. Se trata de alimentos que contienen nutrientes esenciales que favorecen un sistema inmunitario sano: vitamina A y betacaroteno, vitaminas C y E y minerales como el selenio y el cinc.

Como norma general, se recomienda seguir una dieta pobre en grasas y rica en fibra, que aporte cantidades suficientes de todas las vitaminas y minerales y escasa cantidad de azúcar refinada. Debe incluir también alimentos alcalinos, como fruta fresca (con excepción de los plátanos, que son demasiado feculentos) y verduras.

Los brotes de semillas y cereales son especialmente saludables. Hay que procurar reducir el consumo de carnes, sobre todo las de cerdo y las de vacuno, porque originan la formación de ácidos. Quienes no puedan prescindir de la carne deben optar por el pollo o, mejor aún, el pescado.

La producción de una cantidad excesiva de mucosidad es un trastorno común en los que sufren asma o fiebre del heno. Para paliar este problema hay que limitar el consumo de cereales (incluso integrales) y evitar la mayoría de los productos lácteos. Aunque el consumo de productos lácteos favorece la formación de mucosidad, hay que tener presente que el yogur natural puede contribuir a inhibir la producción de histaminas.

La idea de que debe evitarse la leche causa siempre sorpresa, porque todo el mundo sabe que es una valiosa fuente de proteínas, grasas y minerales, especialmente calcio. Pero ciertas personas no la digieren porque no producen suficiente cantidad de *lactasa,* una enzima que rompe la lactosa de la leche de vaca. Este trastorno se denomina *intolerancia.* En ocasiones, ciertos niños que pasan de la leche materna a la leche de vaca a muy corta edad desarrollan anticuerpos que producirán alergia a la leche. La intolerancia o la alergia a la leche favorecen la formación de un exceso de mucosidad. La leche de soja es una opción más adecuada, por su elevado contenido en proteínas.

Puede ser útil no combinar en la misma comida alimentos ricos en proteínas y alimentos ricos de hidratos de carbono (féculas y azúcar). La mezcla de ambos hace que las proteínas sólo se digieran parcialmente. Estas proteínas resultan entonces tóxicas y algunas de ellas pueden contribuir a la producción de histaminas.

El doctor Hay, creador de la «dieta Hay», sostiene que ciertas clases de alimentos son incompatibles y que, si se toman en una misma comida, no se digieren adecuadamente y pueden causar diversos problemas digestivos.

La cafeína puede inhibir el sistema inmunitario, por lo que deben evitarse también todas las bebidas que la contengan.

Pero además, por inverosímil que parezca, el azúcar causa *hipoglucemia* es decir, disminución de la cantidad de azúcar en la sangre. El azúcar refinada es absorbida rápidamente por el organismo. Al aumentar el nivel de azúcar en la sangre, el páncreas segrega insulina, hormona que estimula la absorción del azúcar por los tejidos del organismo. Por lo común, el azúcar se absorbe rápidamente, pero la insulina sigue circulando en el organismo, extrayendo todo el azúcar que queda en la sangre. Esto determina la necesidad de más azúcar, iniciándose así un círculo vicioso como consecuencia del cual el páncreas se vuelve hipersensible y produce cantidades excesivas de insulina, con el resultado de una disminución de la energía. Este proceso debilita el sistema inmunitario. La mayoría de los sustitutos del azúcar y los edulcorantes artificiales son de poca ayuda porque están elaborados con productos químicos que irritan los tejidos del organismo y originan más toxinas.

Los conservantes y colorantes artificiales también intervienen en los procesos asmáticos. Es indispensable eliminar los agentes colorantes corrientes, en particular los colorantes azoicos (tartragina, amarillo naranja S, amaranto), y conservantes como el benzoato sódico, el dióxido de azufre y los ésteres de ácido 4-hidroxibenzoico.

NUTRICIÓN: EL PILAR FUNDAMENTAL

La mayoría de los profesionales de la medicina, tanto ortodoxa como alternativa coinciden en que detrás de toda enfermedad hay una «avería» de las funciones naturales del organismo. Una de las causas fundamentales de dichas averías es una alimentación deficiente.

Así lo reconoció Hipócrates, el padre de la medicina, hace ya dos mil años. Y sin embargo, sus palabras, «Dejad que los alimentos sean vuestra medicina y que vuestra medicina sea vuestro alimento», parecen haber sido olvidadas por la medicina moderna.

Es innegable que los conocimientos actuales sobre el proceso de la enfermedad han permitido elaborar medicamentos específicamente destinados a combatir o neutralizar sustancias como la histamina. Sin embargo, no hay que olvidar que esos medicamentos sólo son de utilidad a corto plazo: pueden ayudar a aliviar los síntomas, pero no impiden su reaparición. Lo que necesitamos realmente es volver a los principios esenciales que nos enseñan que la alimentación puede ser nuestra medicina.

Hace muy poco tiempo que hemos empezado a darnos cuenta de que los cambios de nuestra forma de vida y nuestros hábitos alimentarios a lo largo de los últimos cien años han supuesto una carga de indecibles proporciones para nuestro organismo: nuestra capacidad para combatir la enfermedad ha disminuido. En efecto, parece que las enfermedades nos afectan más a menudo que a nuestros antepasados. El organismo, a través del sistema inmunitario, tiene una sorprendente capacidad para luchar contra virus, bacterias y otros microorganismos que forman parte de nuestra vida. Sin embargo, la falta de nutrientes puede debilitar el sistema inmunitario y dificultar su funcionamiento. Una vez aceptado este hecho, el papel de la alimentación en la prevención de la enfermedad aparece con meridiana claridad.

ALIMENTOS QUE HAY QUE EVITAR O CONSUMIR MÁS A MENUDO

Evitar

- Los alimentos que originan la formación de ácidos.
- La mayoría de los productos lácteos: la leche de vaca, el queso, la nata, la mantequilla.
- La carne, especialmente la de cerdo y la de vaca.
- El café, el té y todas las bebidas que contienen cafeína.
- Las bebidas alcohólicas.

Consumir más a menudo

- Alimentos que originan la formación de sustancias alcalinas.
- Fruta y verdura.
- Zumos de fruta.
- Yogur con fermentos vivos o natural.
- Infusiones de hierbas.

ESTRUCTURA DEL SISTEMA INMUNITARIO

El sistema inmunitario es la principal arma defensiva del organismo contra enfermedades leves y graves.

Cuando el sistema inmunitario detecta un cuerpo extraño, ciertas células del organismo empiezan a combatirlo para librarse de él. El sistema es tan complejo que es capaz de «recordar» al cuerpo extraño, de modo que en futuros encuentros lo combatirá con mayor rapidez. A este fenómeno se lo denomina *inmunidad adquirida.*

La vacunación es un buen ejemplo de la forma en que se adquiere inmunidad. Al inyectar una vacuna el médico introduce en el organismo del paciente una pequeña cantidad de la sustancia extraña muerta o sometida a algún tratamiento. Como dicha sustancia está muerta o ha sido tratada, no existe el peligro de contraer la enfermedad. Ahora bien tan pronto como las fuerzas defensivas del organismo detectan su presencia, el sistema inmunitario da la señal de alerta e inicia el combate y la producción de anticuerpos. También memoriza la estrategia utilizada para eliminar ese cuerpo extraño por la posibilidad de que en el futuro detecte la presencia de un invasor similar. Así pues, si se produjera una infección causada por un microorganismo vivo activo del mismo tipo, el cólera por ejemplo, el sistema inmunitario sería capaz de actuar antes de que el cuerpo extraño provocara la enfermedad. Toda la información se almacena en el *timo,* la computadora del organismo. Esta glándula es la que indica a las fuerzas de combate del organismo cuándo deben iniciar la lucha y cuándo no es necesario luchar por tratarse de un cuerpo extraño inocuo.

Mientras el sistema inmunitario está sano, es capaz de repeler el ataque de la enfermedad. Pero factores como una dieta deficiente, la contaminación ambiental, el estrés e incluso el proceso natural de envejecimiento pueden mermar su capacidad de lucha, con graves consecuencias.

A veces, cuando el sistema está alterado, se vuelve hiperactivo y empieza a combatir cuerpos extraños inofensivos. La fiebre del heno es un ejemplo clásico de este tipo de reacción. En condiciones normales, el polen es inofensivo, y, sin embargo, el sistema inmunitario lucha contra las partículas de polen. Las células que intervienen en la respuesta alérgica despliegan todas sus fuerzas y segregan histamina; se producen entonces los síntomas de la fiebre del heno.

Otras veces el sistema inmunitario se halla aún más afectado y empieza a atacar directamente las células del organismo. Éste es el caso, por ejemplo, de la artritis reumatoide. Los trasplantes de órganos también pueden plantear problemas, porque el sistema inmunitario, programado para rechazar cualquier tejido extraño, lucha contra el nuevo corazón o el nuevo hígado.

Todo ello demuestra la importancia de mantener el sistema inmunitario en un estado de equilibrio. El problema que se plantea en las postrimerías del siglo XX es que el organismo humano, pese a ser extremadamente adaptable en su lucha por la supervivencia, necesita tiempo para efectuar los cambios que esa adaptación requiere. Por desgracia, el ritmo de cambio del entorno ha superado la capacidad natural del organismo para ofrecer una respuesta oportuna. El sistema inmunitario está trabajando a marchas forzadas y no siempre sabe cómo hacer frente al vasto ejército de nuevos enemigos que lo atacan. La contaminación del medio ambiente, el agotamiento de la capa de ozono, los plaguicidas y los clorofluorocarbonos (CFC) han contribuido a alterar el delicado equilibrio de nuestro sistema inmunitario. De resultas de ello, muchas personas padecen problemas de salud recurrentes: resfriados, gripes, fatiga crónica y otras enfermedades, entre ellas la fiebre del heno y el asma.

Por otra parte, cuando el sistema no es capaz de eliminar un cuerpo extraño y de convertirlo en una sustancia no tóxica, el organismo debe almacenarlo en algún lugar: el hígado, los huesos e incluso el cerebro se convierten en depósitos de estos residuos, a veces peligrosos. Los efectos de estas toxinas, junto con el desequilibrio de nutrientes de nuestra alimentación, nos hacen más vulnerables a la enfermedad.

¿Por qué se debilita nuestro sistema inmunitario?

El oxígeno es necesario para la vida, pero, paradójicamente, también es el causante del debilitamiento de nuestro sistema inmunitario. Todos los seres vivos que utilizan oxígeno producen *radicales libres*. Éstos son responsables de la oxidación del hierro, del endurecimiento del caucho y de las arrugas de la piel. Cuando las células utilizan el oxígeno, producen una pequeña proporción de moléculas inestables a las que les falta un electrón (las moléculas sólo son estables cuando están equilibradas desde el punto de vista eléctrico). Esas moléculas de oxígeno inestables son radicales libres. Creamos radicales libres durante cada minuto de nuestra vida, pero el ejército de antioxidantes del organismo los mantiene a raya, y, mientras estén bajo control, estaremos sanos. Sin embargo, si el organismo empieza a producir más radicales libres de los que necesita (en cantidades adecuadas, los radicales libres cumplen una función muy útil), nuestro sistema inmunitario puede sufrir daños y corremos el riesgo de contraer enfermedades crónicas.

Al parecer, la falta de control sobre los radicales libres

es una de las principales causas de las mutaciones y los cánceres, de la pérdida de memoria y la senilidad, de las enfermedades autoinmunes, del envejecimiento y de las arrugas. Las grasas poliinsaturadas que componen las paredes de las células del organismo son especialmente sensibles al ataque de los radicales libres. Se vuelven rancias (oxidadas) y su estructura queda dañada.

Factores ambientales

Nuestro organismo produce normalmente radicales libres, pero hay también factores externos que pueden aumentar su presencia:

- Una exposición excesiva a los rayos X.
- La contaminación radiactiva.
- Los plaguicidas, los disolventes industriales, los CFC y otros contaminantes.

Los radicales libres pueden ser nocivos para la salud, por lo cual es importante neutralizarlos antes de que produzcan daños.

Protección frente a los radicales libres

Los antioxidantes brindan protección frente a los radicales libres. Un antioxidante es una sustancia capaz de proteger los alimentos, sobre todo las grasas y los aceites, de la oxidación (es decir, capaz de evitar que los alimentos se vuelvan rancios). Para ello, los antioxidantes impiden que el oxígeno se combine con otras sustancias y dañe las células.

Los nutrientes que, según la teoría generalmente aceptada, constituyen la primera línea de defensa de nuestro organismo en la lucha contra el ataque de los radicales libres son las vitaminas A, C y E, el betacaroteno, el cinc y el selenio, aunque ciertos aminoácidos intervienen también en cierta medida en la lucha contra el exceso de radicales libres. Las vitaminas y los minerales, que nuestro organismo no es capaz de producir por sí solo, deben ser aportados por nuestra dieta.

VITAMINAS, MINERALES Y OTROS MICRONUTRIENTES

Estamos sobrealimentados pero malnutridos. Pese a tener a nuestro alcance toda la comida que queremos, seguimos en muchos casos sin consumir todos los nutrientes esenciales que necesitamos.

Nuestra dieta es rica en proteínas, hidratos de carbono y grasas, es decir, en *macronutrientes,* que constituyen la mayor parte de los alimentos que tomamos. Las vitaminas y los minerales son indispensables, pero nuestro organismo sólo necesita pequeñísimas cantidades de ellos, razón por la cual reciben el nombre de *micronutrientes.* Los macronutrientes proporcionan energía. Los micronutrientes (que no contienen calorías ni aportan energía directamente) permiten liberar esa energía. Las vitaminas y los minerales forman parte de la estructura de las *enzimas,* catalizadores orgánicos que facilitan la realización de los complejos procesos biológicos. Si estos micronutrientes están regularmente ausentes de nuestra dieta diaria, podemos contraer enfermedades.

Los micronutrientes son frágiles y pueden ser destruidos o diezmados por numerosísimos factores. Los métodos agrícolas modernos han agotado los minerales del suelo. La utilización de plaguicidas y las técnicas de procesamiento de alimentos han reducido aún más las cantidades de esos nutrientes esenciales que se encuentran en nuestros alimentos. La carencia de ciertos nutrientes impide la absorción de otros y dificulta las funciones digestivas. En el caso del asma y de la fiebre del heno, el organismo necesita cantidades superiores a las normales de ciertos nutrientes para contrarrestar los efectos inflamatorios y la hiperreacción del sistema inmunitario.

Como ya se ha indicado antes, ciertas vitaminas y minerales actúan también como antioxidantes. Comiendo alimentos integrales ricos en micronutrientes podemos incrementar nuestra ingesta de esos antioxidantes. La Organización Mundial de la Salud ha recomendado recientemente consumir 400 g diarios de fruta y verdura (incluidas judías y legumbres). Sin embargo, no siempre resulta práctico o posible hacerlo, por lo cual puede ser útil utilizar complementos vitamínicos.

Vitamina C

Es quizá uno de los nutrientes de mayor importancia para quienes padecen asma o fiebre del heno. Como antioxidante, potencia el sistema inmunitario. Como antihistamínico natural, alivia los síntomas alérgicos del asma y la fiebre del heno. Como anticontaminante, ayuda a eliminar las sustancias tóxicas del organismo.

La vitamina C (denominada también *ácido ascórbico)* interviene asimismo en la reparación de los tejidos dañados, la formación de anticuerpos y la estimulación de los glóbulos blancos (linfocitos) de la sangre, así como en la formación de las hormonas esteroides en las glándulas suprarrenales.

Es probablemente la sustancia antioxidante sobre la cual se ha realizado mayor número de investigaciones. Es hidrosoluble y protege de la oxidación a los compartimientos acuosos de nuestras células, tejidos y órganos. El organismo humano no puede producir vitamina C; dependemos, pues, de nuestra alimentación para obtener este nutriente esencial. Es importante saber que ciertos alimentos que aportan ácido ascórbico contienen además bioflavonoides, que también tienen propiedades antioxidantes.

El doctor Mark Levine, del National Institute of Health (Instituto Nacional de la Salud) de Estados Unidos, ha estudiado los efectos de la vitamina C en los linfocitos de la sangre. Sus investigaciones han demostrado que la vitamina C es crucial para que los glóbulos blancos sean capaces de combatir la enfermedad. Las investigaciones del doctor Linus Pauling, quien demostró que existe una estrecha relación entre la cantidad de vitamina C presente en los linfocitos y la capacidad del organismo para combatir las infecciones, corroboran esta conclusión.

La vitamina C se encuentra en los cítricos, las verduras, las patatas y los zumos de fruta, de modo que consumir una cantidad adecuada de estos alimentos contribuirá notablemente a potenciar nuestro sistema inmunitario.

Vitamina E

La vitamina E, también denominada *d-alfatocoferol*, es indispensable para la salud. Es un antioxidante independiente de las enzimas, por lo cual desempeña un papel de especial importancia en la protección de las grasas de las paredes de las células. Esas grasas, denominadas *lípidos*, son particularmente sensibles a la oxidación causada por los radicales libres.

Como antioxidante, la vitamina E tiene numerosísimas funciones vitales: estabiliza las membranas y las protege del daño causado por los radicales libres. Protege los músculos de la pantorrilla, los ojos, la piel, el hígado y las mamas. Es especialmente importante para los asmáticos porque protege los pulmones de la oxidación causada por los contaminantes atmosféricos. También protege y refuerza las reservas de vitamina A del organismo. La acción de la vitamina E se ve potenciada, a su vez, por otros antioxidantes como la vitamina C y el selenio.

Entre los alimentos ricos en vitamina E cabe mencionar los aceites obtenidos por presión en frío (aceite de germen de trigo, de alazor, de girasol y de soja), las nueces y semillas, los espárragos, las espinacas, el brécol, la mantequilla, los plátanos y las fresas.

Vitamina A y betacaroteno

La vitamina A es necesaria para mantener la estabilidad de las mucosas de los ojos, los oídos, la nariz, la garganta y los pulmones. La buena salud de esas membranas permite mantener los alergenos a raya.

La vitamina A fue la primera vitamina liposoluble que se descubrió. Con el nombre genérico de vitamina A se engloba un grupo de sustancias entre las que figuran el retinol, el retinal y los carotenoides. Las formas activas de la vitamina A se encuentran en los tejidos animales. Para que los carotenoides y los retinoides puedan ser absorbidos es preciso que haya bilis y grasas en los intestinos.

La exposición a la luz y al calor no afecta la estabilidad de esta vitamina, que, sin embargo, es destruida por los rayos ultravioletas del sol y por la oxidación. La supervivencia de la vitamina A requiere que el organismo tenga reservas de vitamina E, ya que ésta se sacrifica para proteger a la vitamina A.

El betacaroteno, derivado de fuentes vegetales, se denomina a veces *provitamina A.* Se encuentra en el pigmento amarillo de muchas frutas y verduras. Salvo en el caso de los diabéticos, el organismo humano es capaz de convertir sin problemas el betacaroteno en vitamina A. Los científicos creen que el betacaroteno combate los radicales libres, por lo cual protege las frágiles células del riesgo de oxidación.

La vitamina A se encuentra en los huevos, la leche, el hígado de cordero, el aceite de hígado de hipogloso y el aceite de hígado de bacalao, los productos lácteos, los riñones de cerdo, la carne de vaca, la caballa y las sardinas en conserva. El betacaroteno está presente en las espinacas, la col rizada, el brécol, los melocotones, los albaricoques y, en general, las frutas y verduras verdes y anaranjadas.

Cinc

El cinc se encuentra en la alfamacroglobulina, una importante proteína del sistema inmunitario del organismo, por lo que una carencia de este mineral puede tener graves consecuencias. Además, el cinc ayuda al sistema inmunitario ya que elimina del organismo ciertos metales tóxicos como el cadmio y el plomo (presentes en los gases de escape de los coches).

Su presencia también es indispensable para el normal funcionamiento celular y para la división de las células. Además de sus propiedades antioxidantes, tiene otras funciones de protección de las células. De hecho, el cinc interviene en más reacciones enzimáticas que ningún otro oligoelemento.

El cinc se encuentra en los productos lácteos, la carne de vaca, el pollo, los pescados blancos y el pan integral. Es un valioso nutriente desde todos los puntos de vista, por lo cual es indispensable asegurarse de que la ingesta de cinc sea suficiente. Un signo común de la carencia de cinc es la aparición de manchas blancas en las uñas.

Selenio

Este oligoelemento antioxidante, cuyo nombre procede del de la diosa griega de la luna, Selene, en el pasado se consideraba tóxico hasta que se descubrió que era necesario para prevenir la degeneración del tejido hepático.

Vitamina B_6

La vitamina B_6 regula los anticuerpos y mejora la actividad de los linfocitos T y B del sistema inmunitario. Pacientes que participaron en un estudio sobre esta vitamina indicaron que la frecuencia y la gravedad de sus dificultades respiratorias y de sus ataques de asma habían disminuido de manera espectacular mientras estuvieron tomando un complemento de vitamina B_6.

Vitamina B_{12}

Esta vitamina parece ser especialmente eficaz en las personas sensibles a los sulfitos. Pacientes asmáticos que participaron en un experimento clínico consistente en la administración de inyecciones semanales de 1 mg de vitamina B_{12} comunicaron que su estado había mejorado de manera concluyente.

Aceite de prímula

El secreto del aceite de esta flor sin pretensiones radica en que contiene ácido gammalinolénico (AGL). La mayoría de los aceites vegetales contienen ácido linolénico, que el organismo debe convertir en AGL. Las personas atópicas pueden ser incapaces de efectuar esta conversión, al parecer por la carencia de una enzima necesaria para dicha conversión. El AGL se utiliza para producir una sustancia antiinflamatoria de tipo hormonal, denominada prostaglandina E_1 (PGE_1), que estimula la acción de los linfocitos T supresores, los cuales evitan la hiperreacción inmunitaria de la fiebre del heno y el asma atópica. El alto contenido de AGL del aceite de prímula puede interrumpir el proceso de conversión de ácido linolénico en AGL y suministrar AGL directamente al organismo, potenciando así la formación de PGE_1.

Ajo

Las propiedades del humilde bulbo de esta planta no son meros cuentos populares. El ajo posee propiedades antivíricas. Puede aumentar la actividad de los linfocitos y favorecer así la función inmunitaria que es vital para todas las alergias. El doctor T. Abdulla, un anatomopatólogo de Florida, demostró el efecto del ajo en las células citotóxicas naturales: dividió aleatoriamente en tres grupos a los voluntarios que participaron en su experimento. A lo largo de un período de tres semanas, administró ajo crudo a los miembros del primer grupo, extracto de ajo maduro a los del segundo y excluyó el ajo de la dieta de los del tercero (el grupo de control). Al cabo de tres semanas, tomó muestras de sangre de todos los voluntarios y examinó en tubo de ensayo la forma en que las células citotóxicas naturales combatían células tumorales: las de los voluntarios que habían tomado ajo crudo mataron un 139 % más de células tumorales que las del grupo de control, y las de los que habían tomado extracto de ajo maduro un 159 % más que las de los voluntarios del grupo de control.

Magnesio

Se sabe que este oligomineral mejora significativamente la respiración de los asmáticos, y en general se considera que es útil para quienes sufren ataques agudos de asma.

SUPLEMENTOS ALIMENTARIOS INDICADOS PARA EL ASMA Y LA FIEBRE DEL HENO

La mejor fuente de los nutrientes descritos es una dieta integral. No obstante, si el paciente no puede obtenerlos a partir de los alimentos, puede resultarle útil tomar suplementos para incrementar la ingestión de esos nutrientes hasta alcanzar los niveles deseados. Ahora bien, antes de empezar a tomar cantidades ingentes de antioxidantes, es conveniente consultar a un especialista en dietética.

En general, lo más indicado para aumentar el consumo de nutrientes es tomar un buen complejo multivitamínico y de minerales. Para personas con necesidades más específicas, como los que padecen asma o fiebre del heno, es muy conveniente acudir a un especialista en nutrición o en dietética para que éste recomiende un programa específico de suplementos alimentarios.

PROGRAMA DE SUPLEMENTOS

- Betacaroteno: 15 mg diarios.
- Vitamina B_6: 50-100 mg dos veces al día.
- Vitamina B_{12}: hasta 500 mg diarios.
- Vitamina C: entre 1.000-2.000 mg diarios.
- Vitamina E: 400 unidades internacionales (UI) diarias.
- Magnesio: 400 mg diarios.
- Selenio: 250 mg diarios.
- Aceite de prímula: 2-3 g diarios.
- Aceites de pescado: 1-2 g diarios.
- Extracto de ajo maduro: 1 g diario.

NUTRIENTES PARA EL SISTEMA INMUNITARIO

Vitamina A y betacaroteno

- Son responsables del crecimiento y del mantenimiento de la actividad del timo y, por consiguiente, de un sistema inmunitario fuerte.

- Son poderosos agentes antivíricos y fortalecen el revestimiento de zonas especialmente sensibles como los intestinos y el sistema respiratorio.

Vitamina C

- Es un agente antivírico.
- Potencia la producción de prostaglandina E (PGE) y aumenta la producción de linfocitos T.
- Es necesaria para la formación de colágeno.
- Elimina numerosas toxinas bacterianas.
- Es necesaria para la formación de anticuerpos.

Vitamina E

- Neutraliza los radicales libres.
- Coopera con otros nutrientes para mejorar la resistencia a las infecciones.
- Protege de la contaminación atmosférica.

Hierro

- Es indispensable para la producción de anticuerpos.
- Es necesario para la enzima peroxidasa, que interviene en la formación de los glóbulos blancos de la sangre.

Selenio

- Es un buen antioxidante, que refuerza la acción de la vitamina E.
- Protege frente a sustancias cancerígenas.
- Interviene en la producción de anticuerpos.
- Sin este mineral, los linfocitos parecen perder su capacidad de reconocer a los organismos invasores.

Cinc

- Es necesario para las enzimas que destruyen las células cancerígenas.
- De este mineral depende la hormona tímica, necesaria para la maduración de los linfocitos T.

ANTINUTRIENTES QUE AFECTAN EL SISTEMA INMUNITARIO

Flúor

- Reduce la velocidad de respuesta del sistema inmunitario.
- Reduce la capacidad de los linfocitos para destruir células extrañas.

Mercurio

- Afecta negativamente la capacidad del organismo para combatir las infecciones.
- Afecta el cerebro y el sistema nervioso.

Cadmio

- Inhibe la función de ciertas enzimas que contienen anticuerpos.

Aluminio

- Interfiere en la absorción del calcio y debilita las funciones de los huesos y la función inmunitaria.
- Afecta la producción de hemoglobina.

CÓMO ENCONTRAR UN ESPECIALISTA

Diríjase a asociaciones de naturopatía y osteopatía, de medicina de la nutrición o dietética o de promoción de terapias de nutrición.

IV

HIERBAS MEDICINALES: LA FARMACIA DE LA NATURALEZA

Entre las miles y miles de hierbas que se utilizan como medicinas hay algunas que ayudan a aliviar los síntomas del asma y de la fiebre del heno.

La fitoterapia o medicina herbal nació cuando la humanidad descubrió que determinadas plantas curaban ciertas dolencias o ayudaban a calmar el dolor. El código médico de Hammurabi, grabado en piedra hacia el año 2000 a. de C., menciona ya que el regaliz es útil para el asma. Los médicos asirios empleaban la misma hierba para aliviar la sensación de opresión en el pecho. También los egipcios y los romanos eran expertos en el uso de plantas. Los constructores de las pirámides egipcias, por ejemplo, tomaban su ración diaria de ajo para prevenir fiebres e infecciones. Sin embargo, los pueblos que alcanzaron mayor grado de perfección en el uso de la medicina herbal fueron los indios y los chinos, y las técnicas que desarrollaron se fueron transmitiendo a lo largo de los siglos y se utilizan aún hoy. La medicina ayurvédica de la India se basa en gran medida en el uso de hierbas y es un importante método de curación.

El uso de plantas medicinales también era corriente en el mundo occidental: en la Edad Media, todos los monasterios las cultivaban en sus jardines. Desde la invención de la imprenta, en el siglo XV, se publicaron multitud de obras sobre remedios basados en hierbas. La medicina herbal fue la predominante en Occidente hasta el siglo XIX, cuando se produjeron los grandes avances tecnológicos y químicos de la farmacia moderna. A partir de entonces, los medicamentos sintéticos sustituyeron a los remedios elaborados con hierbas.

En la segunda mitad del siglo XIX aparecieron en Europa las primeras asociaciones de fitoterapeutas, que desde el inicio de sus actividades hasta nuestros días han tenido que resistir el acoso de ciertos estamentos de la medicina ortodoxa que querían prohibir la medicina herbal. La batalla continúa y, aunque está fuera del alcance de este libro analizar las cuestiones que este conflicto plantea en la actualidad, cabe señalar que numerosas asociaciones trabajan con bastante éxito para garantizar que no se prive al consumidor del derecho a elegir el sistema de medicina que prefiera.

Lo que resulta absurdo en esta controversia es que la medicina ortodoxa tiene sus raíces en la medicina herbal. Muchos de los medicamentos sintéticos proceden de sustancias vegetales. Los corticoides, por ejemplo, se sintetizan a partir de una sustancia química extraída del ñame silvestre, y el analgésico más corriente, la aspirina, se descubrió en el siglo pasado a partir de plantas como la reina de los prados y el sauce. La medicina actual considera las plantas como una fuente de ingredientes activos, que son analizados, sintetizados y utilizados en potentes medicamentos.

Sin embargo, es precisamente la creciente utilización de medicamentos elaborados por procedimientos químicos, algunos de ellos con efectos secundarios indeseables, la que ha determinado el retorno a la medicina herbal, al redescubrimiento de remedios totalmente vegetales y, por ello, con menor capacidad para provocar efectos secundarios peligrosos. Según estimaciones de la Organización Mundial de la Salud (OMS), la práctica de la medicina herbal en el mundo es tres o cuatro veces más común que la de la medicina «convencional».

ENFOQUE HOLÍSTICO

Los síntomas de una enfermedad varían de una persona a otra; por ello, las plantas medicinales deben elegirse en función de los síntomas y de la disposición de cada enfermo. Cada planta tiene unas propiedades terapéuticas determinadas; para identificar las facultades curativas de cada una de ellas, los herbolarios médicos sólo tienen que recurrir a la experiencia acumulada a lo largo de los siglos.

La medicina herbal o fitoterapia difiere de la medicina ortodoxa no sólo por la clase de «medicamento» que utiliza sino también por la premisa general de la que parte, a saber: que la salud no es la mera ausencia de enfermedad, sino una sensación positiva de bienestar. En este sentido, la medicina herbal no pretende simplemente aliviar los síntomas de la enfermedad, sino tratar además los factores que originan el problema, creando las condiciones que el organismo necesita para utilizar su capacidad de curación.

En la medicina herbal holística el individuo constituye un todo indivisible. Las plantas se utilizan en combinación con una terapia que aborda los aspectos tanto físicos como mentales y espirituales del tratamiento. Así, el terapeuta holístico tendrá en cuenta las condiciones económicas y sociales que perpetúan la mala salud y pondrá especial interés en adecuar el tratamiento a las necesidades de cada persona.

¿QUÉ ES UNA HIERBA?

Para la mayoría de las personas, las hierbas son plantas que se utilizan para condimentar los alimentos o como ingredientes de productos de belleza o bien como remedios caseros por sus propiedades medicinales. Para un botánico, una hierba es una planta no leñosa de menos de 30 cm de altura, mientras que, para el jardinero, las hierbas son plantas ornamentales que pueden servir de decoración en un arriate herboso. Para un fitoterapeuta, en cambio, una hierba es cualquier parte de un vegetal que puede utilizarse con fines médicos o en la mejoría de la salud. Así, pues, la medicina herbal utiliza no sólo lo que en botánica se denominan hierbas, sino todas las partes anatómicas de las plantas: las semillas, la corteza del tronco de los árboles, flores, helechos, musgos, hongos, algas, etc.

Los medicamentos herbales pueden adoptar muy diversas formas y tienen múltiples usos. La homeopatía, la naturopatía (que abarca todas las formas de atención de la salud que limpian y fortalecen el organismo para prevenir la enfermedad y mantener un estado de salud óptimo), la iridiología (método de diagnóstico que permite conocer el estado general de un paciente y el de cada uno de sus órganos a través del iris) y la aromaterapia, así como la medicina herbal propiamente dicha, utilizan las plantas para sus tratamientos. Los herbolarios médicos occidentales suelen utilizar una combinación de hierbas para cada enfermedad, aunque también emplean remedios basados en una única planta «simple». En otros sistemas, en particular la fitoterapia china, se recetan combinaciones de plantas cuidadosamente formuladas. También están, por supuesto, las «hierbas rápidas» que se compran en forma de comprimidos en las tiendas de productos naturales. Los comprimidos orales no son la única forma de tomar preparados de hierbas. También son corrientes los tés y las tisanas (infusiones de hojas o flores) y los baños de hierbas. Las plantas medicinales pueden tomarse en forma de jarabes o de gotas de concentrados que se ponen bajo la lengua, donde son absorbidas con gran rapidez. También pueden hacerse cocimientos de plantas para inhalar los vapores.

¿CÓMO ACTÚA LA FITOTERAPIA?

Al igual que ocurre con otras disciplinas médicas alternativas, es difícil explicar cómo actúa la medicina herbal. Hay cosas que funcionan sin que existan hasta la fecha pruebas científicas que expliquen por qué. En general, se cree que las plantas medicinales desencadenan respuestas biológicas que ayudan al organismo a recuperar su equilibrio normal o su salud. Al tomar estas plantas en dosis moderadas durante períodos suficientemente largos, dichas respuestas se volverían automáticas y perdurarían incluso una vez interrumpido el tratamiento con hierbas.

Las fórmulas herbales, como se denominan los compuestos medicinales, cumplen tres funciones básicas: actúan como laxantes, como diuréticos (agentes que aumentan la eliminación de orina) y como purificadores de la sangre; mediante estas tres funciones, ayudan al organismo a eliminar toxinas y detoxificarse. También ayudan a mantener el organismo en buen estado al estimular sus facultades curativas para combatir cualquier síntoma físico y pueden fortalecer la salud al tonificar los órganos y nutrir los tejidos y la sangre.

Los herbolarios médicos opinan que los remedios naturales son más seguros que los medicamentos alopáticos (ortodoxos) porque estos últimos se sintetizan mediante procedimientos químicos y, al ser sustancias concentradas, pueden producir efectos secundarios. Los compuestos de hierbas no suelen tener efectos secundarios, no sólo porque son más suaves, sino también porque contienen sustancias creadas naturalmente dentro de la planta, capaces de neutralizar cualquier peligro potencial que presente su ingrediente activo. Los fitoterapeutas no sostienen que todos los medicamentos elaborados con plantas carecen de efectos secundarios, ya que se sabe que muchas de ellas son tóxicas si se toman en altas dosis, pero consideran que, en general, son mucho menos peligrosas que los fármacos ortodoxos (alopáticos).

Las hierbas y el sistema respiratorio

La medicina herbal es capaz de aliviar muchas molestias causadas por trastornos del sistema respiratorio, entre ellos el asma y la fiebre del heno.

Para facilitar la respiración pueden emplearse remedios de hierbas que fortalecen las mucosas a fin de garantizar que se produzcan a través de ellas los intercambios de gases indispensables para la vida. Las hierbas pueden estimular las secreciones en los tejidos pulmonares para humedecer adecuadamente el aire y proteger las membranas. También tonifican la circulación garantizando que la sangre bañe los tejidos adecuadamente y, al estimular todos los procesos glandulares y excretores, ayudan a producir dentro del organismo un estado de limpieza y armonía que fortalece el sistema respiratorio. En este sentido, las hierbas pueden actuar como estimulantes o como relajantes de la respiración, según las necesidades del paciente.

Las hierbas actúan también como agentes emolientes, es decir, agentes capaces de aplacar la irritación, y como remedios anfotéricos, es decir, remedios que funcionan de diferentes formas según las circunstancias, adaptándose a las necesidades de cada caso. En otras palabras, actúan como agentes normalizantes.

Asma

Antes de recetar un medicamento herbal hay que considerar todas las posibles causas del asma. Esta enfermedad suele tener un componente alérgico, que desencadena el ataque de asma, pero también puede ser de origen genético o ser consecuencia de la exposición continuada a un agente irritante. Deben considerarse asimismo factores como la dieta y la forma de vida del enfermo y presiones asociadas a ésta como la tensión, la ansiedad y el cansancio. Por ello, es difícil describir un compuesto de hierbas o un grupo de compuestos que sirvan para tratar exclusivamente el asma.

Los herbolarios suelen examinar los síntomas concretos de cada paciente para sugerir los remedios correspondientes. Se sabe, por ejemplo, que ciertas plantas tienen efectos antiespasmódicos, como la grindelia, la lobelia, la candelaria de los jardines, el euforbio pilulífero, la drosera, la corteza de cerezo silvestre y la énula campana. Otras combaten el exceso de mucosidad, como el marrubio blanco, el rizoma de tormentila y el tusilago, o favorecen la expectoración, como el anís, el tusilago o el regaliz. El leonorus campestre sirve para fortalecer el corazón. La ansiedad y la tensión, muy comunes en los asmáticos, pueden tratarse con lúpulo, escutelaria o valeriana. También se sabe que el ajo previene multitud de infecciones respiratorias de origen bacteriano, y se cree que aumenta la salud del organismo y actúa como protector general.

Fiebre del heno

Las equináceas, que favorecen la inmunidad natural, aumentan la resistencia en general y purifican la sangre, pueden utilizarse para aliviar la fiebre del heno y sus síntomas. El ajo es un antiséptico natural y también purifica la sangre. Los problemas de respiración y la mucosidad excesiva se alivian con tusilago, que tiene efectos calmantes y ayuda a eliminar las flemas que obstruyen las vías respiratorias, al igual que el gordolobo. La flor del saúco favorece la sudación y la eliminación de orina, ambas esenciales para el proceso de limpieza del organismo, y es eficaz para los casos de fiebre del heno asociados a congestión de los senos nasales.

El solídago estimula las mucosas y es especialmente eficaz para los casos de mucosidad excesiva con estornudos y acumulación de moco. El hisopo es una valiosísima medicina contra la tos y calma la inflamación de las mucosas (aunque no debe tomarse durante el embarazo). La milenrama tiene un efecto tónico en las membranas y reduce la fiebre. La eufrasia combate otros síntomas propios de la fiebre del heno, como la irritación de garganta o de nariz y el escozor de ojos; para la faringitis y el dolor de garganta es útil enjuagarse la boca o hacer gárgaras con salvia. Se pueden aliviar simultáneamente diversos síntomas de la fiebre el heno tomando infusiones de combinaciones de hierbas.

La combinación de equináceas, eufrasia y solídago resulta eficaz para casos agudos de fiebre del heno con mucosidad y picor de ojos, y la de flor de saúco, gordolobo, hisopo y milenrama puede aliviar los síntomas de opresión en el pecho, tos con sibilancias y acumulación de moco. Es posible establecer un programa de tratamiento a largo plazo, que se inicia al comienzo de la primavera y continúa durante toda la estación de la fiebre del heno, basado en una combinación de equináceas y gordolobo para favorecer la resistencia general del organismo y tonificar las mucosas. La combinación de equináceas, flor de saúco, gordolobo y milenrama contribuirá a la detoxificación y la limpieza del organismo.

EL HERBOLARIO MÉDICO

Un herbolario médico podrá darle asesoramiento especializado sobre la utilización de las hierbas medicinales. Tiene la formación necesaria para realizar un reconocimiento médico completo, similar al que haría un médico convencional. Una vez establecido el diagnóstico, el fitoterapeuta prescribirá la combinación de hierbas necesaria e indicará si debe tomarse en forma de tintura (un extracto medicinal en una solución de alcohol), suplemento líquido o infusión.

El herbolario formulará al paciente preguntas bastante detalladas sobre su forma de vida y sus hábitos alimentarios y le explicará que el objetivo del tratamiento es ayudar al organismo a reforzar su capacidad innata de curación. La eliminación de toxinas es una parte fundamental del tratamiento. Es importante tener en cuenta que los remedios herbales actúan con lentitud, por lo que es probable que el herbolario empiece por recomendarle paciencia si es usted una de esas personas que esperan notar alivio a los diez minutos de tomar una pastilla.

ALGUNAS HIERBAS Y COMBINACIONES DE HIERBAS DE USO CORRIENTE PARA TRATAR EL ASMA Y LA FIEBRE DEL HENO

Angélica china *(Angelica sinesis).* Especialmente indicada para las personas sensibles al polen, al polvo, a las escamillas de la piel de los animales y a otras partículas presentes en el aire. Los herbolarios chinos la utilizan desde hace mucho tiempo para tratar alergias, por su capacidad de inhibir la producción de anticuerpos.

Escutelaria china *(Scutellaria baicalensis).* Esta hierba se emplea por sus propiedades antiinflamatorias. Por su elevado contenido de flavonoides, inhibe la formación en el organismo de otros compuestos cuyos efectos son aún peores que los de la histamina. Los flavonoides actúan también como antioxidantes y son poderosos destructores de radicales libres.

Tusilago *(Tussilago farfara).* «Tussilago» significa supresor de la tos. Esta planta es un excelente expectorante que tiene además propiedades calmantes. Ha demostrado ser especialmente útil para los ancianos, ya que ayuda a expulsar la mucosidad y calma la sensación de opresión pectoral. Los herbolarios chinos recomiendan una infusión de hojas de tusilago (nombre chino: *K'uan-tung*) con semillas de alholva y raíz de jengibre fresco machacada para aliviar las sibilancias, la tos persistente y la irritación de los pulmones y las vías respiratorias.

Manzanilla *(Anthemis nobilis).* Esta hierba, de uso muy común para muchas dolencias, es un remedio eficaz para los ataques de asma, por sus propiedades antiespasmódicas y sedantes. Puede tomarse con frecuencia para aliviar las dificultades respiratorias y se considera especialmente útil para los bebés y los niños pequeños.

Efedra *(Ephedra sinesis).* El uso de esta planta en la medicina herbal tradicional china se remonta a cinco mil años. Es desde hace tiempo uno de los remedios preferidos por los herbolarios chinos para tratar afecciones alérgicas e inflamatorias. La medicina moderna «descubrió» el compuesto alcaloide, la efedrina, en 1923, y empezó poco después a producirlo sintéticamente. Se utiliza junto con compuestos afines en numerosos fármacos para el asma y la fiebre del heno. Se cree que el uso prolongado de esta hierba debilita las glándulas suprarrenales, por lo cual es necesario combinarla con otras hierbas y nutrientes que fortalezcan dichas glándulas, como el regaliz, el ginseng, la vitamina C, el magnesio, el cinc y la vitamina B_6. Los preparados tradicionales de hierbas para tratar el asma y la fiebre del heno combinan la efedra con expectorantes como la lobelia, la grindelia y el euforbio. La efedra sólo puede adquirirse con recetas extendidas por herboristas médicos.

Euforbio *(Euphorbia hirta)* Esta planta, también conocida como hierba del asma, tiene efectos antiespasmódicos. Resulta particularmente útil para el asma crónica, ya que previene el espasmo asmático si se toma regularmente antes de las comidas.

Ginko *(Ginko biloba)* El ginko (que en chino significa «fruto plateado») es muy apreciado en China. El árbol del que procede tiene una peculiar y misteriosa inmunidad frente a enfermedades que atacan a otros árboles y se lo considera una de las especies vivas más antiguas. El ginko es muy conocido por sus propiedades medicinales como remedio rápido para el resfriado común, pero resulta también eficaz para aliviar la congestión nasal, la tos persistente y el asma. Para los asmáticos, los herbolarios chinos recomiendan una fórmula que contiene semillas de ginko (denominadas *Pai-kuo*) y nueve hierbas complementarias.

Regaliz *(Glycyrrhiza glabra)* (nombre chino: *Kan-ts´ao*). Muy conocido por sus propiedades antiinflamatorias y antialérgicas, es un remedio muy utilizado para las afecciones pectorales y pulmonares. También se emplea como base para mezclas de hierbas. Los fitoterapeutas chinos lo emplean como ingrediente armonizador en muchas fórmulas. Es eficaz como tratamiento para el asma y la fiebre del heno por su capacidad para potenciar las propiedades antiinflamatorias de la hormona denominada cortisol. Esta planta tiene efectos similares a los de la cortisona, un medicamento muy utilizado para el asma, en el sentido de que reduce la inflamación al inhibir la actividad de varias de las enzimas que intervienen en el proceso inflamatorio. Se cree que el regaliz disminuye también algunos de los importantes efectos secundarios asociados a la cortisona.

Lobelia *(Lobelia inflata)*. Esta hierba, también denominada tabaco indio, se utiliza en diversos preparados para el asma. Tiene efectos expectorantes y antiespasmódicos y se ha descubierto que actúa con gran rapidez. Ayuda a relajar la musculatura bronquial al fomentar la secreción de hormonas por las glándulas suprarrenales. La lobelia sólo puede adquirirse en forma de comprimidos, como compuesto.

CÓMO ENCONTRAR UN HERBOLARIO

Herbolarios médicos profesionales

Suelen pertenecer a asociaciones profesionales de herbolarios y fitoterapeutas y aplican la medicina herbal occidental en sus consultas. Las técnicas de diagnóstico de muchos herboristas médicos cualificados son similares a las de los médicos ortodoxos: emplean los mismos métodos y el mismo equipo para tomar el pulso, medir la presión arterial, reconocer al paciente y analizar las muestras de sangre y orina.

Herbolarios chinos

Los herbolarios chinos tradicionales ejercen principalmente entre las comunidades chinas en las ciudades occidentales. Los más «modernos» suelen combinar el uso de hierbas medicinales con la acupuntura. A menudo pertenecen a asociaciones de herbolarios chinos.

Especialistas en medicina ayurvédica y unani

Estos especialistas, conocidos en general como *vedas* y *hakims,* ejercen sobre todo en las comunidades india y paquistaní y ofrecen tratamientos basados en principios tradicionales.

V

HOMEOPATÍA: LO SIMILAR CURA LO SIMILAR

Paracelso, un filósofo y médico del siglo XVI, dijo que «quienes se limitan a estudiar y tratar los efectos de las enfermedades son como los que creen que pueden acabar con el invierno barriendo la nieve de las puertas de sus casas: no es la nieve la que trae el invierno, sino el invierno el que trae la nieve». La homeopatía bien entendida no se limita a suprimir los síntomas de la enfermedad, sino que ayuda al paciente a hacer frente a la causa de la enfermedad y a recobrar la salud. El objetivo último del homeópata es dar al paciente un estado de salud que lo libere de la dependencia de cualquier medicina o terapia.

Al igual que muchas otras terapias naturales, la homeopatía considera que la enfermedad es un síntoma de desequilibrio. El tratamiento homeopático combate las causas subyacentes de la enfermedad en lugar de ocuparse meramente de sus síntomas. Para el homeópata, las afecciones alérgicas como la fiebre del heno y el asma reflejan un desequilibrio del propio sistema inmunitario. El tratamiento pretende, pues, restablecer el equilibrio y liberar al sistema inmunitario de su hipersensibilidad.

Los preparados homeopáticos son, de hecho, formas extremadamente diluidas de sustancias que, en dosis mayores, producirían en una persona sana los síntomas de una enfermedad. Por ejemplo, el *Arsenicum*, un remedio de eficacia demostrada para la fiebre del heno, es un preparado elaborado con una cantidad ínfima de trióxido de arsénico, un tóxico que provoca síntomas agudos de ardor y picor en las membranas. Cuanto mejor imite un preparado los síntomas de una enfermedad en una persona, mayor será su eficacia.

La homeopatía es una disciplina médica que se basa en la ley natural *simila similibus curentur* (lo similar cura lo similar). Este principio era conocido ya por Hipócrates y Paracelso, pero su descubrimiento suele atribuirse a Samuel Hahnemann, un médico alemán de finales del siglo XVIII. Hahnemann creía que el organismo humano tiene una capacidad innata de curación y que los síntomas de una enfermedad, son el reflejo de la lucha del organismo contra fuerzas hostiles a la vida. El trabajo del médico consistía pues, a su juicio, en descubrir y, dentro de lo posible, suprimir la causa del problema y estimular la capacidad vital de curación de la naturaleza humana.

Inspirándose en el descubrimiento de que un remedio vegetal para la malaria, la corteza de quina, producía ciertos síntomas de la enfermedad, como dolor de cabeza y fiebre intermitente, Hahnemann y sus seguidores hicieron diversos experimentos sobre sí mismos, que denominaron «ensayos», consistentes en tomar durante largos períodos pequeñas dosis de varias sustancias tóxicas o medicinales y en apuntar cuidadosamente los síntomas que producían. A continuación trataron a pacientes que presentaban síntomas similares con esas mismas sustancias y obtuvieron resultados muy alentadores.

Hahnemann prosiguió sus investigaciones para tratar de determinar la dosis mínima con la que se conseguían efectos curativos y fue diluyendo cada vez más los medicamentos, porque se dio cuenta de que era la mejor manera de evitar efectos secundarios. Accidentalmente descubrió que, combinando un método especial de dinamización (agitación enérgica) con la dilución, la eficacia del medicamento aumentaba, siempre y cuando se ajustara a los síntomas del paciente.

¿CÓMO ACTÚA LA HOMEOPATÍA?

Los homeópatas consideran los síntomas como una respuesta adaptativa del organismo que se defiende de la enfermedad y como un signo de enfermedad. Los médicos alopáticos (ortodoxos), en cambio, ven los síntomas como una parte de la enfermedad. La labor del homeópata, para quien los síntomas son la forma en que el organismo expresa su reacción al trastorno subyacente, es recetar un remedio que estimule al organismo a curarse por sí mismo más rápidamente. El remedio adecuado es aquel que originaría síntomas similares a los del enfermo en una persona sana que lo tomara en dosis apreciables. La Organización Homeopática Alemana describió muy acertadamente la característica básica del remedio homeopático: «El criterio que permite determinar si un remedio es, o no, homeopático no es la dosis ni la forma que adopta, sino única y exclusivamente su relación con la enfermedad» (ley de la similitud).

La doctrina homeopática descansa en tres principios:

Ley de la similitud

Los homeópatas consideran todos los síntomas (mentales, emocionales y físicos) de la enfermedad del paciente como indicios de un esfuerzo unificado del organismo por resolver un trastorno interno y recobrar un estado de equilibrio. El homeópata selecciona y prescribe un remedio que, mediante «ensayos» previos en personas sanas y la experiencia clínica, ha demostrado producir un cuadro de síntomas similar al que presenta el paciente. Ese remedio estimulará y potenciará los esfuerzos naturales de curación del propio paciente.

Tratamiento único

Aunque a menudo los síntomas son múltiples, es todo el organismo del paciente el que está desequilibrado y lucha por recobrar la salud. Para estimular el organismo en su conjunto debe utilizarse en cada momento un único remedio: sólo así el homeópata puede evaluar sus efectos.

Dosis mínima

Debido a la similitud entre la sintomatología conocida que produce el remedio y la del propio paciente, éste es extremadamente sensible al remedio, por lo que sólo es necesaria una dosis ínfima con una potencia específicamente determinada. El homeópata define la potencia y el número de dosis en función de las necesidades de cada paciente.

El concepto de dilución ha suscitado toda la controversia existente acerca de la validez terapéutica de la homeopatía: los remedios homeopáticos están diluidos hasta tal punto que apenas queda en ellos rastro de la sustancia original. ¿Cómo pueden funcionar entonces?

La mayoría de los homeópatas no tienen reparos en reconocer que no lo saben. Lo que sí saben es que los remedios son efectivos, y les basta con eso. Algunos sostienen que es un error buscar explicaciones físicas: a su juicio, es posible que estos remedios de elevadas potencias actuaran a un nivel energético muy sutil, como el *chi* de la medicina china o el *prana* de la medicina ayurvédica, la «fuerza vital». Una persona sana vibra a una frecuencia de energía determinada que es más armoniosa que la de una persona enferma. El remedio homeopático correcto es como una sutil inyección de energía que devuelve al organismo su frecuencia energética adecuada. Un cuerpo bien sintonizado, que resuena a su propio ritmo, es capaz de usar su sistema inmunitario para expulsar las toxinas que causan la enfermedad.

PREPARACIÓN DE LOS REMEDIOS HOMEOPÁTICOS

Cortar una cebolla produce a menudo una sensación acre en la nariz, moco, picor en la garganta, escozor en los ojos y lagrimeo. El homeópata recetará

Allium cepa (hecho con cebolla) al paciente que presente un resfriado con esos síntomas concretos. Los medicamentos homeopáticos pueden prepararse con todo aquello que cause síntomas de una enfermedad; pueden proceder, por lo tanto, de multitud de fuentes. La mayoría se prepara con plantas, pero también se utilizan minerales y metales e incluso ciertos animales.

Una vez preparadas las materias primas, los remedios se elaboran mediante una sucesión de dinamizaciones y diluciones. Cada etapa de dinamización incrementa la potencia, que se indica con un número y una letra. Los remedios cuya potencia se indica con una X están diluidos a razón de 1:9, y los que llevan una C están diluidos a razón de 1:99.

Cuanto más diluido está un remedio, mayor es su fuerza, es decir, mayor cantidad de energía posee y más capaz es de hacer frente al problema. Es corriente que los homeópatas utilicen remedios con potencias como 200C o 10M (M equivale a 1.000C). Estas elevadas potencias se emplean normalmente para tratar enfermedades crónicas, y se cree que actúan a un nivel energético sutil, de la misma forma que el propio organismo.

Es preciso proteger los remedios homeopáticos de la contaminación, no tocarlos ni exponerlos a la luz del sol, no guardarlos cerca de sustancias con olores fuertes y no tomarlos poco antes de comer o beber porque su energía puede ser fácilmente invalidada.

ADMINISTRACIÓN DE LOS REMEDIOS HOMEOPÁTICOS

La mayoría de las farmacias y tiendas de productos naturales sólo expenden remedios de baja potencia, por ejemplo de potencia 6 (que indica seis diluciones), como *Arnica 6.* En general, los remedios de potencia elevada sólo pueden ser recetados por homeópatas experimentados y cualificados.

Los remedios homeopáticos pueden ser administrados de distintas formas. A veces se indica una sola dosis de un remedio de alta potencia; otras veces el homeópata receta remedios de baja potencia que han de tomarse regularmente.

El homeópata elegirá el método más adecuado para el paciente y la naturaleza de la enfermedad. Por ejemplo, una persona que lleva mucho tiempo enferma, con un estado físico deteriorado, puede precisar dosis repetidas de un remedio que estimule sus facultades de recuperación, mientras que una persona joven y básicamente sana responderá enseguida a una sola dosis de un remedio de alta potencia. Además un mismo paciente responderá mejor a un remedio que a otro; comprender estos aspectos forma parte de la técnica del homeópata y es una de las razones por las cuales la automedicación puede resultar ineficaz.

(Sociedad Británica de Homeópatas)

CONSULTA CON UN HOMEÓPATA

Un homeópata experimentado ha realizado estudios de esta especialidad de tres años de duración como mínimo. En la primera consulta, el homeópata efectuará una historia clínica detallada del paciente: formulará muchas preguntas sobre sus antecedentes médicos y su situación médica actual e intentará determinar qué tipo de persona es (si prefiere un clima frío o uno cálido, si es receptiva, cuáles son sus gustos y preferencias, etc.). Examinará el aspecto y la actitud del paciente y procurará evaluar su estado físico y mental. Las circunstancias personales del enfermo, sus angustias, miedos, creencias y su mayor o menor confianza en sí mismo son aspectos importantes del diagnóstico. Normalmente, el homeópata le recetará un solo remedio y le pedirá que vuelva a visitarlo en un plazo de cuatro a seis semanas.

Durante el tratamiento, como en las demás terapias naturistas, es posible que el enfermo experimente síntomas leves de una «limpieza general», quizá en forma de un resfriado: el organismo se está librando de sus toxinas de forma natural. Es importante no interferir en ese proceso a menos que sea absolutamente indispensable. Además, si el paciente tiene una larga historia de enfermedades diferentes, puede ocurrir que vuelva a experimentarlas en formas leves y en orden cronológico inverso.

ENTREVISTA CON UN MÉDICO

P. ¿Cuál es el objetivo del tratamiento homeopático?

R. *El propósito es conseguir que usted alcance un estado de salud y equilibrio óptimos, para que, con el tiempo, sólo necesite la medicación esporádicamente.*

P. ¿Por qué los homeópatas hacen tantas preguntas?

R. *El homeópata ortodoxo no trata las enfermedades específicas como tales, sino a individuos. Por lo tanto, es fundamental tener un conocimiento profundo del paciente para efectuar una prescripción correcta.*

El homeópata se enfrenta a una tarea casi imposible: lograr un conocimiento completo del paciente con la mayor rapidez. La entrevista inicial es esencial para acceder a este conocimiento.

El homeópata ha de saber escuchar y ser un observador perspicaz. Nuestro trabajo principal es obtener un cuadro riguroso de los síntomas del paciente y encontrar el remedio acorde con su situación. Para ello, debemos conocer su historia, escucharla con una actitud comprensiva sin emitir juicios de valor, y hacer que la información obtenida concuerde con el remedio.

Para encontrar el remedio que mejor se adecua al paciente tenemos que conocer claramente todas las limitaciones de la persona, incluyendo su estado mental, emocional y físico, y otros aspectos, como la energía general, los efectos del entorno y los factores causales.

P. ¿Cuántas consultas son necesarias?

R. *Al principio, es decir, durante los primeros seis meses, las consultas pueden ser más frecuentes, pero, a medida que su salud se recupera van disminuyendo. Consideramos necesario un seguimiento inicial más frecuente (al principio, los controles suelen realizarse cada cuatro o seis semanas) para poder trabajar con usted y evaluar sus progresos. No obstante, somos conscientes del coste del tratamiento y no deseamos que represente una carga.*

Si el remedio tiene efectos positivos, puede ocurrir, incluso en casos difíciles y complejos, que no tenga que volver durante bastante tiempo después de la visita inicial de seguimiento. Esto se debe a que el remedio ha restablecido el equilibrio de su sistema y, según nuestra experiencia, este estado puede mantenerse durante largo tiempo. También es necesario esperar a que se manifieste el siguiente «cuadro de síntomas». En ese momento debe tener fe en la capacidad de curación de su organismo.

P. ¿Cómo puedo colaborar en el tratamiento?

R. *No es necesario «creer» en la homeopatía para que los remedios funcionen. De hecho, tratamos a bebés y hay incluso veterinarios homeópatas. No obstante, para seleccionar el remedio adecuado y para que éste surta efecto, son imprescindibles su compromiso y su cooperación.*

Usted puede participar de la siguiente manera:

- *Anote cualquier cambio que observe a partir del momento en que empiece a tomar el remedio. Puede ser útil llevar un registro semanal, en el que apunte los cambios tanto generales como específicos, y llevarlo a las consultas de seguimiento.*
- *Proporcione una descripción clara y completa de todos los síntomas.*
- *Tome conciencia de que se trata de un proceso largo y adopte una perspectiva a largo plazo, responsabilizándose de su propio bienestar.*
- *Y, sobre todo, comunique cualquier inquietud o duda que tenga. Nuestro interés es encontrar la mejor manera de ayudarlo, y sus aportaciones siempre serán bien recibidas.*

P. ¿Cómo evalúan los homeópatas la respuesta a un tratamiento?

R. *A lo largo de más de 170 años de experiencia, los homeópatas han desarrollado y perfeccionado métodos muy precisos para evaluar la respuesta al tratamiento y han establecido leyes y principios de curación.*

Para explicarlo de forma sencilla, usted acude con la esperanza de que sus problemas desaparezcan, y así debe ser, pero es importante tener en cuenta que trabajamos desde una perspectiva global y que nuestro objetivo es conseguir una mejoría general, más que pequeñas soluciones parciales. También esperamos una mejoría en su nivel cotidiano de estrés. Por lo tanto, los beneficios deben afectar su estado físico, emocional y mental y su energía general. Observe todos los cambios, tanto generales como específicos, que experimente e infórmenos de ellos.

P. ¿Cuánto dura el tratamiento?

R. *Es difícil responder a esa pregunta, pero, al cabo de varias visitas, el homeópata le podrá dar una respuesta aproximada. A veces, en casos tanto sencillos como agudos, los resultados pueden manifestarse de forma rápida e incluso espectacular.*

Es posible que una pequeña proporción de personas relativamente sanos logren, con sólo uno o dos tratamientos, el equilibrio de su organismo durante años, pero esta situación ideal no se dará en la mayoría de los casos.

P. ¿Debo seguir con las visitas cuando ya me sienta mejor?

R. *Es importante efectuar una visita de control a las cuatro o seis semanas. Incluso cuando se comprueba* *que la mejoría se mantiene, es conveniente realizar periódicamente controles para prevenir futuros problemas. Dichos reconocimientos suelen llevarse a cabo cada cuatro a seis meses.*

P. ¿De dónde proceden los remedios?

R. *Si disponemos del remedio que usted necesita, se lo daremos directamente; en este caso, el precio del remedio está incluido normalmente en el de la consulta. De lo contrario, lo remitiremos a un proveedor de remedios homeopáticos.*

Si desea más información sobre remedios concretos y sobre su origen y características, podemos recomendarle bibliografía.

P. ¿Cómo es posible que unas pocas dosis surtan efecto y que éste sea duradero?

R. *Los remedios homeopáticos son muy potentes. Se preparan en lo que denominamos una dilución «potenciada», con la que se impregnan diminutos gránulos de lactosa, píldoras, pastillas o polvos, o se administra en forma líquida. Los remedios se limitan a catalizar o desencadenar una reacción energética en el organismo, más que a producir un cambio químico. Así, en definitiva, lo que funciona mejor después de seguir el tratamiento es el propio sistema regulador. El remedio ayuda al organismo a desarrollar un impulso natural positivo que, progresivamente, va cobrando fuerza y vence la enfermedad.*

Si desea conocer más a fondo este fascinante proceso, podemos recomendarle bibliografía sobre el tema.

P. ¿El homeópata proporciona orientaciones sobre la alimentación o el estilo de vida que se debe llevar?

R. *Los homeópatas no siempre dan consejos acerca de la forma de vida y la alimentación. Una dieta correcta es, sin duda, indispensable para mantener un cuerpo sano. Cualquier recomendación sobre la dieta o el ejercicio físico se hace adaptándola a las necesidades del paciente, según su enfermedad, su edad y diversos factores de su entorno, puesto que lo que pretendemos siempre es saber con seguridad si la respuesta obedece exclusivamente al remedio. Además, creemos que, al tener un organismo sano, disminuyen los efectos de un estilo de vida desequilibrado y se producen cambios positivos en todos los aspectos de la vida. Es posible que existan «obstáculos para la curación» en su vida o en su entorno, que el homeópata analizará con usted.*

P. ¿Se puede aplicar la homeopatía para situaciones más complejas o crónicas y, en tal caso, cuánto tiempo se tarda en obtener resultados?

R. *En casos más complejos, el tratamiento homeopático se asemeja a quitar una por una las capas de la piel de una cebolla. En pocas palabras, se puede decir que, a lo largo de nuestra vida, vamos acumulando capas de síntomas y afecciones en respuesta a diferentes situaciones de estrés. Estas capas pueden ir eliminándose, una por una, eficazmente con los remedios homeopáticos. Durante el tratamiento pueden reaparecer síntomas de enfermedades previas, pero debido a que los sucesivos remedios han mejorado la salud del paciente, los síntomas no serán tan intensos como en el pasado. La recurrencia de síntomas antiguos puede indicar que es el momento de administrar un nuevo trata-*

miento. La homeopatía permite eliminar incluso tendencias hereditarias. Así pues, en caso de problemas graves o crónicos, el proceso curativo puede ser más gradual y requerir consultas más frecuentes.

P. ¿Qué ocurre si los síntomas reaparecen?

R. *Si se ha producido una respuesta positiva al tratamiento y, al cabo de, por ejemplo, dos a seis meses (o en cualquier otro momento), parece haber una recaída, el homeópata recomendará que espere unos días para observar si su organismo recupera el equilibrio por sí solo. Si se manifiesta cualquier síntoma grave, no debe esperar. Si los síntomas persisten al cabo de una semana, es posible que sea necesario repetir el tratamiento o administrar otro remedio. En tal caso sería necesaria una nueva consulta. Si así ocurre, no debe decepcionarse ni desanimarse pensando que la homeopatía no funciona con usted. Es sólo una etapa en el proceso de alcanzar un óptimo estado de salud. Esta situación puede indicar que se debe prescribir un nuevo remedio porque ha quedado al descubierto una nueva «capa» de síntomas antiguos que requiere tratamiento.*

P. ¿Qué factores pueden interferir en el buen funcionamiento del remedio?

R. *Los productos que contienen alcanfor y los aceites esenciales muy aromáticos, como la hierbabuena y el mentol, pueden interferir en la acción de los remedios. Ciertas terapias, como los tratamientos químicos (artificiales o naturales), las vitaminas muy concentradas, los programas intensivos de ejercicio físico y algunos procesos dentales también pueden influir. En general, no es aconsejable someterse a la acupuntura si está siguiendo un tratamiento homeopático, debido a que* *éste interfiere en la «fuerza vital», y porque ambos tratamientos parten de la premisa de que actúan estimulando la capacidad curativa del organismo.*

Se ha demostrado que el masaje, las sesiones suaves de quiropraxia y osteopatía y ciertas terapias y medicaciones no interfieren en el tratamiento homeopático. Antes de someterse a cualquier otra terapia debe consultar primero con su homeópata. También es conveniente evitar o, al menos, reducir drásticamente el consumo de estimulantes como el café y otras bebidas que contienen cafeína, porque parecen obstaculizar el sutil movimiento de las fuerzas de curación.

P. ¿Puede prescribirse un remedio incorrecto y, en tal caso, cuál sería su efecto?

***R.** Por mucho cuidado que pongamos en la búsqueda del remedio adecuado, no siempre logramos acertar plenamente. No obstante, si se utilizan correctamente, los remedios homeopáticos no deben producir efectos secundarios: o bien no se produce cambio alguno, o bien los síntomas se manifiestan con mayor claridad y, por tanto, es más fácil elegir el remedio apropiado.*

A veces, el homeópata debe mantener varias entrevistas con el paciente para obtener un cuadro exhaustivo de sus síntomas y un conocimiento en profundidad para seleccionar el remedio correcto. Por supuesto, cuanto mejor se conoce el paciente a sí mismo, más fácil resulta esta tarea.

P. ¿Puedo acudir a mi médico de cabecera?

***R.** La homeopatía constituye un tratamiento complementario de la medicina tradicional. Los homeópatas recomendamos a nuestros pacientes que no interrumpan la relación con su médico habitual, sobre todo* *para las revisiones regulares y las urgencias. También llevará a cabo, si son necesarios, los análisis de sangre, las radiografías, etc., y la derivación a un especialista.*

P. ¿Puede la homeopatía ayudar en los problemas agudos?

R. *Los remedios homeopáticos pueden utilizarse para tratar problemas agudos, como gripe o trastornos digestivos, e incluso ayudan al cuerpo a curarse después de sufrir accidentes y caídas. Si el paciente ya está siguiendo un tratamiento homeopático, a menudo las dolencias leves se curan por sí solas; ahora bien, en caso de duda o si los síntomas empeoran, es mejor que consulte con su homeópata. Si los síntomas son graves, debe telefonearlo inmediatamente y, si es necesario, consultar con su médico de cabecera.*

En caso de accidente o en una emergencia, debe dirigirse al servicio de urgencias más próximo y luego ponerse en contacto con el homeópata a fin de saber si existe un tratamiento homeopático para la curación de su dolencia.

Remedios para la fiebre del heno

Si el enfermo presenta síntomas recurrentes, es conveniente que consulte con un médico. Sin embargo, durante un ataque puede utilizar en casa los medicamentos homeopáticos que se indican a continuación.

Sabadilla. Para los síntomas clásicos de la fiebre del heno (secreción nasal líquida, estornudos, lagrimeo y escozor nasal).

Wyethia. Para la sensación de picor en la parte interna del paladar o del conducto nasal. Este remedio también está indicado para aliviar la sequedad del conducto nasal y de la garganta que se produce a veces a pesar de presentar el paciente una secreción nasal líquida y continua.

Allium cepa. Para la secreción nasal que produce ardor, el lagrimeo abundante y el enrojecimiento y escozor de los ojos .

Euphrasia. Para el lagrimeo abundante con sensación de escozor de ojos y la secreción nasal líquida. También es útil para casos de tos con expectoración de grandes cantidades de mucosidad formadas en las vías respiratorias superiores.

Arsenicum. Para la irritación y el picor de la nariz y los estornudos frecuentes y violentos que no alivian la irritación.

Remedios para el asma

Los ataques leves o moderados pueden combatirse con los remedios que se indican a continuación. Se recomienda consultar con el médico para el tratamiento a largo plazo del asma.

Arsenicum. Este remedio está indicado para combatir el temor inducido por dificultad para respirar, y los estados de agitación e inquietud, sobre todo cuando los síntomas de disnea y las sibilancias se agravan durante la noche. Es idóneo para las personas inquietas y ansiosas por naturaleza.

Pulsatilla. Este remedio está indicado cuando las sibilancias se agudizan por la tarde o por la noche. También es útil cuando el paciente necesita expectorar la flema acumulada en el pecho, y para los casos de asma que empeoran tras la ingestión de alimentos pesados o grasos. Es idóneo para las personas cariñosas y que lloran con facilidad.

Ipecac. Para las sibilancias y la sensación de vibración de la mucosidad al respirar. También es útil cuando los ataques de asma se acompañan de gran cantidad de flema en el pecho.

Spongia. Para el asma seca, cuando la producción de flema es reducida o nula. Está indicado para la respiración ruidosa y para la disnea que empeora cuando el paciente se tumba.

Chamomilla. Para los asmáticos, especialmente los niños, irritables y agresivos.

Nota importante. En caso de dificultad grave para respirar o de irritación de garganta con dificultad para tragar, es indispensable buscar asistencia médica inmediatamente.

CÓMO ENCONTRAR UN HOMEÓPATA

Cada vez es mayor el número de médicos cualificados que ofrecen tratamientos homeopáticos. La mayoría de ellos son licenciados en medicina y cursan posteriormente la especialidad en las escuelas o facultades de homeopatía. Muchos homeópatas profesionales han seguido una formación de unos cuatro años de duración en institutos reconocidos y se han licenciado o se han inscrito en asociaciones de homeopatía, que podrán proporcionarle una lista de homeópatas cualificados.

VI

MEDICINA ANTROPOSÓFICA: UNA PROLONGACIÓN DE LA MEDICINA CONVENCIONAL

La medicina alopática se basa en una visión mecanicista del ser humano. En otras palabras, se ocupa del organismo y no de la persona. El creciente interés que suscitan hoy otras disciplinas médicas es prueba de que algo falta en este enfoque.

La mayoría de las terapias alternativas y complementarias que se analizan en el presente libro se fundamentan en antiguas filosofías y en los sistemas de valores de las civilizaciones que las desarrollaron. Los médicos antroposóficos, en cambio, sostienen que buscar en esas filosofías y civilizaciones lo que falta en la medicina convencional es como intentar retroceder en el tiempo. Lo que hace falta no es mirar hacia el pasado sino ampliar la medicna convencional para dar cabida en ella no sólo a la parte física del ser humano, sino también a la espiritual.

La medicina antroposófica añade una dimensión espiritual a la alopatía. Su fundador, el filósofo y científico austriaco Rudolph Steiner (1861-1925), intentó superar las limitaciones del materialismo en busca del lado espiritual de la existencia humana. Steiner pensaba que el ser humano se compone de cuerpo, alma y espíritu; la medicina antroposófica reconoce que el proceso de curación debe situarse en todos esos niveles. Con la publicación del libro titulado *The Fundamentals of Therapy* quedaron sentados los cimientos de la medicina antroposófica. Esta obra, escrita por el médico holandés Ita Wegmen, en colaboración con Steiner, que no era doctor en medicina, estaba dirigida al cuerpo médico, y en ella se sostenía que la medicina antroposófica debía considerarse una prolongación de la medicina convencional, y no una alternativa.

LOS CUATRO ASPECTOS DEL SER HUMANO

Para completar el retrato de un ser humano hay que añadir al organismo físico otros tres elementos, que en la medicina antroposófica se denominan *cuerpo etéreo, cuerpo astral* y *ego.* Estos elementos inmateriales, comunes a todos nosotros, no pueden ser percibidos por los sentidos físicos. A veces se denominan también *elemento vital, elemento anímico* y *espíritu,* respectivamente. Todos estos aspectos no físicos pueden calificarse de «espirituales», pero el espíritu propiamente dicho es la identidad interior exclusiva de cada uno de nosotros.

ELEMENTOS ANTROPOSÓFICOS DE LA PERSONA

Espíritu	Autoconciencia	Humano	Ego
Alma	Conciencia	Animal	Cuerpo astral
Vida	Vida	Vegetal	Cuerpo etéreo
Materia	Puede ser pesada y medida	Mineral	Cuerpo físico

Cuerpo etéreo

El cuerpo etéreo, o elemento vital, puede definirse como la fuerza que gobierna la existencia del cuerpo físico. Para ilustrar el funcionamiento del elemento vital basta con observar que, tras la muerte, el cuerpo físico, abandonado a la influencia de las leyes físicas, empieza a deteriorarse y deja de ser una estructura sumamente organizada para convertirse en polvo.

El cuerpo etéreo no se limita a impulsar y organizar el crecimiento: también se encarga del mantenimiento y la reparación de las partes del cuerpo físico. Es la fuerza que lucha por mantenernos sanos y ayuda al cuerpo físico a recuperarse de enfermedades leves. Para conocer en profundidad cualquier organismo y sus enfermedades es preciso comprender la lucha continua del cuerpo etéreo contra la muerte y el declive del cuerpo físico.

Cuerpo astral

Este elemento anímico es el que distingue al ser humano y a los animales de los componentes del reino vegetal: los humanos y los animales son conscientes del mundo físico que los rodea y tienen instinto. Todos nosotros experimentamos dolor cuando el cuerpo físico sufre algún daño y sentimos un dolor interior cuando alguien hiere nuestros sentimientos. La diferencia principal entre los médicos antroposóficos y los convencionales radica en que los primeros tienen en cuenta por igual el elemento anímico y el físico, mientras que los segundos se centran en el cuerpo físico.

El cuerpo astral tiene un efecto *catabólico* (de desintegración) en el cuerpo físico y, en este sentido, ejerce una acción contraria a la del cuerpo etéreo, que lucha constantemente por construir y reparar (efecto *anabólico*). Los médicos antroposóficos sostienen que la salud prevalecerá siempre que la fuerza constructiva del cuerpo etéreo sea capaz de mantener a raya el proceso de destrucción generado por el cuerpo astral. La enfermedad es el resultado de un desequilibrio entre esas dos fuerzas.

Ego

La conciencia del mundo físico que nos rodea y la capacidad de experimentar placer y dolor son características comunes al ser humano y a los animales, porque ambos tienen cuerpo astral. El ser humano tiene un nivel adicional de conciencia, del que carecen los animales: la capacidad de pensar y de reconocerse a sí mismo como un ente independiente y consciente, facultad que se denomina espíritu o ego en la medicina antroposófica. Esta dimensión tiene un efecto dual en el cuerpo físico: actúa con el cuerpo etéreo en su función anabólica y con el cuerpo astral en su función catabólica.

LA ENFERMEDAD DESDE EL PUNTO DE VISTA ANTROPOSÓFICO

La medicina antroposófica estudia la enfermedad desde la perspectiva de las relaciones entre el ego, el cuerpo astral, el cuerpo etéreo y el cuerpo físico. Intenta influir en la actividad de uno o varios de esos elementos para restablecer el equilibrio y, por consiguiente, la salud.

La medicina antroposófica distingue tres sistemas principales en el ser humano: el sistema neurosensorial, el sistema metabólico motor y el sistema rítmico.

El *sistema neurosensorial*, asociado a la conciencia, abarca los nervios, el cerebro, la médula espinal y los órganos de los sentidos.

El *sistema metabólico motor* incluye el estómago, los intestinos y el sistema linfático. Se caracteriza por ser inconsciente: sólo tenemos conciencia de los procesos anabólicos cuando se produce una anomalía y sentimos dolor.

Entre estos dos sistemas está el *sistema rítmico*, centrado en el corazón y los pulmones. El sistema rítmico

LOS TRES SISTEMAS DE LA MEDICINA ANTROPOSÓFICA

Neurosensorial	Pensamiento	Consciente	Enfriamiento Catabolismo Esclerosis
Rítmico	Sentimiento	Onírico	Equilibrio Mediación
Metabólico motor	Voluntad	Inconsciente	Calentamiento Anabolismo Suavizador

desempeña un papel fundamental en el mantenimiento de la salud y se encarga de que los sistemas neurosensorial y metabólico motor se encuentren en un estado de equilibrio.

La hiperactividad del sistema metabólico motor genera un aumento de temperatura y un exceso de líquidos. Una actividad neurosensorial excesiva origina una pérdida de líquidos, fenómenos de endurecimiento, etc., que son característicos de enfermedades degenerativas. De hecho, la medicina antroposófica distingue básicamente dos grandes tipos de enfermedades: las inflamatorias o febriles y las degenerativas o escleróticas. Cuando el organismo enferma como consecuencia de un desequilibrio entre los sistemas neurosensorial y metabólico motor, la única forma de devolverle la salud es restableciendo el equilibrio. El médico puede utilizar distintos métodos para reequilibrar el organismo.

USO DE LOS MEDICAMENTOS

El médico antroposófico busca ejemplos en la naturaleza y basa sus remedios en procesos biológicos naturales que son similares a los del organismo humano. A diferencia de la medicina convencional, que analiza la enfermedad en términos de cambio molecular y desarrolla medicamentos capaces de contrarrestar esos cambios para aliviar los síntomas, la medicina antroposófica examina la interacción de los procesos que causan los cambios moleculares asociados a los síntomas.

TERAPIAS ARTÍSTICAS

Partiendo de la premisa de que las actividades artísticas tienen un fuerte impacto sobre la conciencia de la persona y en la sociedad en su conjunto, los médicos antroposóficos han ideado una serie de técnicas que coadyuvan a la curación, centradas en la música, la pintura, la escultura y la arquitectura. La música, por ejemplo, que tiene gran influencia sobre los sentimientos, es una expresión de las leyes del espíritu en el ámbito del alma. En otras palabras, el ego se expresa en el plano astral. Análogamente, la pintura es una expresión de lo astral en la esfera de lo etéreo, y la escultura, una manifestación del plano etéreo en el cuerpo físico. Rudolph Steiner concibió un arte del movimiento denominado *eurritmia* para expresar las formas de movimiento del cuerpo físico en la esfera física.

La terapia pictórica se emplea para tratar diversos trastornos del sistema rítmico como el asma, en la que el ritmo de la respiración se ve afectado por la obstrucción parcial de las vías aéreas. Para el médico antroposófico, el asma es el resultado de un desequilibrio entre los elementos de aire y de agua, que corresponden, respectivamente, a los cuerpos astral y etéreo. Para remediarla, intentará restablecer el predominio de la actividad etérea (relacionada con el agua).

HIDROTERAPIA Y MASAJE

Los médicos antroposóficos recomiendan a veces la hidroterapia porque el agua es el medio en el que todos vivimos antes de nacer. Se cree que desempeña un papel especial en el proceso de curación. De hecho, los griegos clásicos ya atribuían a los baños propiedades curativas; se cuenta que Hipócrates creó en la isla de Cos un centro de curas en el que había complejas instalaciones de baños. Todas las culturas han tenido balnearios y centros de baños. En Europa, los efectos curativos de ciertos manantiales favorecieron el progreso de algunas ciudades, muy prósperas aún hoy, que se desarrollaron en torno a balnearios.

El masaje rítmico es otra manifestación de los métodos antroposóficos y tiene por finalidad equilibrar las fuerzas etéreas adecuándolas a la tensión creada por la influencia astral.

ENTREVISTA CON UN MÉDICO ANTROPOSÓFICO

P. ¿Qué lugar ocupan el asma y la fiebre del heno en la medicina antroposófica?

R. *El asma es un problema que se manifiesta en el sistema rítmico, porque está relacionado con la respiración y la función cardíaca. Hay dos etapas en la respiración: la inspiración y la espiración. El asma es un trastorno que dificulta la espiración. La orientación general de la terapia consiste, pues, en ayudar al paciente a exhalar el aire. La espiración es el gesto dominante, y el tratamiento se centra en el masaje, la aplicación de aceites especiales y la terapia del movimiento.*

P. Se dice que el sistema rítmico es un sistema equilibrador del organismo. ¿Puede explicar en qué consiste?

R. *El sistema neurosensorial, centrado en la cabeza,* *es un sistema falto de equilibrio. Lo consideramos poco saludable porque, pese a caracterizarse por la conciencia, apenas contiene fuerza vital. Su bioquímica es muy vulnerable y se mantiene siempre en la frontera entre la vida y la muerte. Si el sistema resulta privado de oxígeno, puede morir muy rápidamente.*

En el sistema metabólico motor, en cambio, hay muy poca conciencia pero gran abundancia de vida. No es tan vulnerable y tiene grandes capacidades regenerativas. Hay una vida exuberante en nuestros órganos sexuales, por ejemplo, que producen millones de células cuando sólo necesitamos una para la procreación.

El sistema rítmico se encarga de equilibrar las fuerzas de la conciencia y las fuerzas regenerativas del organismo, una labor necesaria para mantener un estado de salud óptimo. Un trastorno que se exprese en el sistema rítmico es, en este sentido, saludable.

P. ¿Qué hay del sistema inmunitario y de las alergias?

***R.** Se trata, en definitiva, de una cuestión de límites o fronteras. La penetración de cuerpos extraños en el organismo de los que padecen fiebre del heno es un indicio de la debilidad de las fronteras, que son nuestra primera línea de defensa, porque su nivel físico no está suficientemente consolidado. El asma es un problema de fronteras en los bronquios; en las personas que tienen asma alérgica, dichas fronteras simplemente no existen. El sistema inmunitario se encarga de garantizar su integridad. Consideramos que los procesos inflamatorios de la fiebre del heno son relativamente inocuos porque indican una reacción sana y exuberante del organismo y son un buen signo de que el sistema inmunitario está sano, de la misma forma en que la fiebre es una respuesta sana a las infecciones. Si la reacción pa-*

sara inadvertida y el sistema inmunitario no funcionara correctamente, como ocurre en el caso del cáncer, por ejemplo, se trataría de una reacción enfermiza.

P. Tengo entendido que los médicos antroposóficos consideran que la terapia pictórica está especialmente indicada para los enfermos de asma. ¿Por qué?

R. *Las actividades artísticas en general son muy útiles para aprender a respirar. La pintura es una forma de aprender a usar el pincel y puede ser muy relajante. Hay muchas otras técnicas que ayudan al sistema rítmico a equilibrar los otros dos sistemas del organismo, como la eurritmia (un sistema de entrenamiento que utiliza el movimiento físico al son de la música), la hidroterapia y el masaje. Todas ellas ayudan al paciente a recobrar ese estado de equilibrio.*

P. ¿Puede recomendar alguna medicación concreta?

R. *Para el asma y la fiebre del heno solemos emplear un preparado de limón denominado Gencido, que tiene un efecto astringente en las mucosas. La cáscara de limón contiene gran cantidad de sílice, y los ácidos ayudan a construir y reconstruir los límites del organismo, paliando y previniendo las reacciones inflamatorias. Este preparado puede aplicarse directamente en forma de gotas para la nariz o bien en pomada o en inyecciones. Otra sustancia útil es el cobre, que se emplea en diversas formas en preparados «potenciados» porque relaja el músculo liso y tiene un efecto térmico que reduce la contracción. Esta medicación se combina en general con otros tratamientos, como la terapia artística, el masaje y la eurritmia.*

CÓMO ENCONTRAR UN MÉDICO ANTROPOSÓFICO

Los médicos antroposóficos son médicos cualificados que, tras sus estudios universitarios, han hecho un curso reconocido por alguna asociación de medicina antroposófica. Las escuelas principales se encuentran en Alemania y Suiza, pero existen también en otros países, como Inglaterra, Holanda, Brasil y Argentina. En algunos casos (como en Inglaterra), estos profesionales trabajan dentro del sistema público de salud, aunque por lo general lo hacen en consultas y clínicas privadas.

La consulta con un médico antroposófico es muy similar a la del médico de cabecera convencional, con la diferencia de que probablemente hará más preguntas al paciente sobre sus hábitos alimentarios, su forma de vida y su estado emocional. Además de aliviar los síntomas inmediatos, el médico antroposófico intentará lograr cambios a largo plazo en la situación del enfermo recomendándole que practique la eurritmia o una terapia artística para resolver cualquier desequilibrio inherente que detecte o lo remitirá a un especialista.

Diríjase a una asociación de medicina antroposófica, que normalmente tendrá un registro de sus miembros.

VII

AROMATERAPIA: ALGO MÁS QUE UN TRATAMIENTO EXÓTICO

La mera mención de la palabra aromaterapia habría causado, hasta hace poco tiempo, una reacción de sorpresa general. Hoy en día, cada vez somos más numerosos los que hemos sucumbido a sus efectos relajantes, sobre todo para combatir el estrés. Pero la aromaterapia también puede ayudar a quienes padecen de asma o de fiebre del heno.

UN NOMBRE NUEVO PARA UNA TERAPIA ANTIGUA

La aromaterapia utiliza las propiedades curativas de las esencias de las plantas para aliviar diversos trastornos mediante aceites esenciales ingeridos o aplicados en masajes, inhalaciones o fomentos.

Aunque el término «aromaterapia» no se acuñó hasta nuestro siglo, muchos datos históricos revelan que el empleo de estas técnicas terapéuticas se remonta al año 18000 a. de C., a juzgar por la antigüedad de las pinturas descubiertas en las paredes de las cuevas de Lascaux, en la Dordoña (Francia), que representan escenas de utilización de plantas en medicina.

La primera referencia escrita a las propiedades curativas de los aromas de aceites vegetales y a las técnicas utilizadas para aprovecharlas se encontró en China y está fechada entre los años 1000 y 700 a. de C. Los egipcios, por su parte, empleaban la aromaterapia en medicina y para embalsamamientos y perfumes: con esos fines se utilizaban la mirra y el incienso contenidos en las vasijas que se encontraron en 1922 cuando se abrió la tumba de Tutankamón. Los egipcios empleaban sustancias aromáticas para cocinar y añadían al pan de mijo y de cebada especias como el cilantro y el anís para facilitar la digestión. También los romanos utilizaban plantas en medicina, y el avance de sus legiones en Europa contribuyó a aumentar la cantidad de variedades vegetales disponibles: el hinojo, el apio de montaña y el perejil son ejemplos de las plantas que los romanos llevaron, por ejemplo, a Inglaterra.

Aunque el estudio de la medicina natural cayó en declive en Europa cuando apenas había comenzado a despuntar, los chinos, los indios y los árabes siguieron practicándola activamente. El médico y filósofo árabe Abu Ali Ibn Sina, nacido en el año 980 de nuestra era y conocido en Occidente como Avicena, se considera el inventor del procedimiento de destilación de vapores con el fin de extraer esencias de las plantas, cuyos principios se utilizan aún hoy.

En el Renacimiento, con el resurgimiento de las artes, la literatura y el conocimiento en Europa en los siglos XIV, XV y XVI, el estudio de la medicina cobró nuevo auge. Las exploraciones coloniales y, en particular, el descubrimiento de América propiciaron la introducción de multitud de nuevas plantas en el viejo continente. A partir de entonces se intensificó la fabricación de aceites vegetales, que se utilizaban de manera generalizada como antisépticos, perfumes y medicamentos.

En el siglo XIX, sin embargo, el florecimiento de la química como disciplina permitió empezar a sintetizar los remedios vegetales en el laboratorio. Estas copias químicas sustituyeron a los aceites esenciales, puesto que resultaban más baratas y su fabricación era más sencilla. Sin embargo, no tenían todas las propiedades medicinales de los aceites esenciales.

El interés por los tratamientos naturales renació en nuestro siglo y, con él, la demanda de aceites esenciales genuinos. El profesor René Gattefosse fue el pionero del resurgimiento del empleo de aceites vegetales en la medicina moderna. Tras descubrir accidentalmente los efectos curativos del aceite de espliego en las quemaduras, decidió seguir investigando las propiedades de los aceites esenciales, y los utilizó para tratar a soldados heridos en la Primera Guerra Mundial. Fue él quien acuñó el término «aromaterapia». El médico francés Jean Valnet prosiguió los trabajos de Gattefosse y utilizó aceites esenciales de clavo, limón y manzanilla como desinfectantes y antisépticos naturales para fumigar las salas de hospital y para esterilizar el instrumental quirúrgico. Marguerite Maury, una bioquímica francesa, amplió aún más el ámbito de sus investigaciones e introdujo la aromaterapia en el mundo de la cosmética, la salud y la belleza.

Superados los métodos de ensayo y error en los que

se apoyó en sus primeros tiempos, la aromaterapia se ha convertido hoy en una disciplina compleja y bien documentada que ocupa un importante lugar en la medicina moderna.

¿CÓMO Y POR QUÉ ACTÚA LA AROMATERAPIA?

La aromaterapia es un arte fascinante que consiste en el uso de aceites esenciales en diversos tratamientos para favorecer el equilibrio no sólo en el ámbito de la salud física sino también en las esferas de la salud mental y emocional. Al igual que las demás terapias naturales, su enfoque es holístico. También se ocupa de la prevención de la enfermedad y de la promoción activa de una vida sana.

La aromaterapia tiene dos componentes básicos: el material que utiliza, es decir, los aceites esenciales, y las formas de administración de esos aceites: inhalaciones, baños, fomentos y, sobre todo, masajes.

MATERIAL DE LA AROMATERAPIA

Los aceites esenciales se encuentran en plantas y hierbas; son los que dan fragancia a las rosas y los jazmines y sabor a la canela y a la menta.

Se extraen de todas las partes de las plantas, desde las hojas o las flores hasta las raíces, pasando por las semillas y la corteza. Para ello se hace pasar vapor a presión a través del material vegetal; con el calor se libera y evapora el aceite, que pasa a continuación a través de un refrigerador de agua donde se condensa y se recoge.

Las sustancias vegetales producen, en promedio, un 1,5 % de aceites vegetales. En otras palabras, se requieren por término medio 70 kg de material vegetal para obtener un kilogramo de aceite. Los aceites esenciales más caros son los de rosa y jazmín porque su rendimiento es comparativamente bajo.

Se cree que estos aceites aromáticos contienen la «fuerza vital» de las plantas de las que han sido extraídos y que mejoran el bienestar y la armonía mental. Cada aceite tiene unas propiedades terapéuticas determinadas, pero, además, los aceites esenciales son poderosos antisépticos, capaces de destruir virus y bacterias. Estimulan el sistema inmunitario porque refuerzan la resistencia del organismo a la enfermedad y mejoran la circulación, además de calmar el dolor y reducir la retención de líquidos.

Los aceites esenciales son sustancias muy complejas desde el punto de vista químico y sus efectos sobre el organismo humano son igualmente complejos. Contienen en promedio un centenar de sustancias químicas diferentes, en diferentes proporciones; cada una de esas sustancias, por pequeña que sea su cantidad, desempeña alguna función vital. Ésta es la razón por la cual los equivalentes sintéticos nunca podrán ser tan eficaces. El caso del aceite de toronjil, por ejemplo, es muy ilustrativo: su componente principal (representa hasta el 80 % del total) es un aldehído denominado *citral* que, si se extrae o se sintetiza por procedimientos químicos y se aplica a la piel, provoca una reacción alérgica que, paradójicamente, no es producida por el aceite de toronjil. Se ha demostrado mediante experimentos que los componentes que representan el 20 % restante de este aceite ayudan a neutralizar los efectos nocivos del citral.

No siempre se sabe científicamente cómo y por qué los aceites esenciales ejercen un efecto determinado. Sin embargo, cuando actúan, son efectivos, y no deben rechazarse por el hecho de que no existan explicaciones científicas concluyentes.

IMPORTANCIA DEL OLFATO Y DEL TACTO

Para comprender por qué es eficaz la aromaterapia es útil examinar primero la forma en que funcionan los sentidos del olfato y el tacto.

Como su nombre indica, la aromaterapia utiliza aromas, olores, para producir un efecto en el organismo humano. Las investigaciones realizadas indican que el sentido del olfato opera en un plano subconsciente y que los olores pueden influir en el comportamiento afectivo. Los nervios olfativos (relacionados con el sentido del olfato) afectan la memoria. Determinados olores pueden evocar en el cerebro imágenes o sentimientos asociados al olor concreto de que se trate. En ello se basa la aromaterapia para abordar los aspectos mentales y emocionales de la curación, empleando diferentes olores para relajar o estimular al paciente, en función de sus necesidades.

El contacto físico es fundamental para la salud. Es el recurso más importante de que disponen los niños y los bebés para comunicar afecto. La utilización del masaje en la aromaterapia se fundamenta en esta consideración. La sensación placentera que se produce al ser tocado despierta el sentimiento de ser querido y de que alguien cuida de nosotros.

El masaje tiene efectos positivos, tanto físicos como emocionales. Se cree que estimula el sistema inmunitario, reduce la presión arterial y mejora la circulación sanguínea y linfática. El masaje reduce la inflamación y la tensión muscular y calma los dolores de los músculos y de las articulaciones. Todo ello ayuda al organismo a relajarse, lo cual, a su vez, alivia la tensión mental y la agitación emocional.

El masaje también permite tratar determinadas zonas problemáticas. Algunos de los principales órganos del cuerpo, como el intestino grueso, son directamente accesibles al masaje, mientras que otros más internos, como el hígado o los riñones, responden al masaje de la zona del organismo en la que están situados. Se cree que el masaje tiene efectos saludables en los órganos enfermos porque incrementa su riego sanguíneo y reactiva los nervios de la zona.

Las técnicas de digitopresión, esenciales en la acupresión y la reflexología, se utilizan aquí en una terapia de masaje perfeccionada, concentrando el masaje con aceites esenciales en los puntos de presión que estimulan determinados órganos internos.

La aromaterapia también utiliza otras técnicas, como los baños aromáticos, que pueden tener efectos tónicos o sedantes. El agua caliente abre los poros y permite que el organismo absorba los aceites esenciales con mayor rapidez. Los baños pueden ayudar a aliviar los efectos del estrés y calmar dolores musculares y problemas dermatológicos. La inhalación de aceites esenciales es efectiva cuando las moléculas aromáticas de las esencias llegan a los pulmones. Estas moléculas difunden a través de los alvéolos y llegan a los capilares (vasos sanguíneos de paredes muy finas), desde donde alcanzan la circulación sanguínea y se distribuyen por todo el organismo.

Soportes de los aceites esenciales

- ***El aire, para tratar resfriados, dolores de cabeza e insomnios:*** es un excelente soporte ya que una de las mejores formas de utilizar los aceites esenciales puros es la inhalación; basta con poner entre cinco y diez gotas en un pañuelo e inspirar profundamente.
- ***El agua, para la relajación:*** un baño de diez minutos con aceites esenciales es relajante y saludable.
- ***Los aceites, para el masaje:*** los principales aceites vegetales que se utilizan como soportes son el de almendra, el de pepitas de uva y el de semilla de girasol. El masaje se efectúa con el aceite que sirve de soporte, al que se han añadido unas cuantas gotas de la esencia.

ALIVIO DEL ESTRÉS

El término «estrés» engloba múltiples y muy diversos problemas y síntomas que pueden ser el origen de enfermedades más graves. La aromaterapia ayuda a mitigar las afecciones más peligrosas causadas por el estrés y es, pues, un tratamiento de carácter preventivo. La técnica del masaje produce en el paciente un estado de ánimo más relajado y sereno que le permite analizar las causas de su estrés y examinarlas con objetividad. A menudo, durante el masaje aromático o después de él, el paciente consigue dar rienda suelta a emociones contenidas.

También en este caso, el efecto se consigue gracias a la combinación de los aceites esenciales y el masaje: las esencias reducen la tensión mental y el masaje alivia la tensión física. El paciente empieza a dormir mejor, lo cual proporciona una sensación de mayor vitalidad y energía física.

La aromaterapia sirve para tratar todos los trastornos relacionados con el estrés (problemas digestivos y dermatológicos, acné, dolores de cabeza, etc). Actúa por diversos mecanismos, entre ellos porque permite la entrada en el cerebro y en todo el organismo de sustancias químicas que modifican el estado de ánimo del paciente, con efectos estimulantes o sedantes según el caso. Algunos aceites esenciales desempeñan un papel decisivo en la secreción de analgésicos naturales: la aromaterapia ha demostrado ser de utilidad para el tratamiento de muchos trastornos dolorosos; se ha utilizado, por ejemplo, para calmar el dolor y la agitación que provocan las picaduras de abeja o de avispa y para aliviar dolores de muelas y de cabeza.

TRATAMIENTO

Un tratamiento profesional de aromaterapia requiere una evaluación muy detenida del paciente. El terapeuta le preguntará acerca de datos personales, como su edad, el tipo de vida que lleva, su estado general de salud y su historia médica previa. El diagnóstico puede ser de dos tipos: clínico, para lo cual el terapeuta remitirá al paciente a un médico, o bien holístico, es decir, que no se identificará una enfermedad concreta sino un conjunto de puntos débiles. Para el diagnóstico holístico se utilizan técnicas como el reconocimiento muscular o la reflexología podal. El diagnóstico permite seleccionar los aceites esenciales adecuados para el paciente, que se aplican a continuación en el cuerpo y en el rostro.

Se utilizan movimientos especiales de masaje para estimular la circulación y activar el sistema linfático, lo cual permite eliminar toxinas del organismo, y técnicas de drenaje linfático y de digitopresión. Es probable que, al final de una sesión, el paciente experimente ya una profunda sensación de bienestar y sienta que se ha liberado de muchas molestias.

Para las personas que sufren asma o fiebre del heno, el tratamiento se centra en el rostro y en los puntos de presión que rodean los senos faciales, para aliviar la secreción excesiva de mucosidad nasal.

También vale la pena que el paciente considere la posibilidad de autotratamiento mediante aceites aromáticos: es conveniente disponer de aceites aromáticos para quemaduras, picaduras de insectos o dolores de cabeza. Sin embargo, los aceites esenciales requieren cierta prudencia ya que pueden ser peligrosos cuando los manipula una persona inexperta. Para las enfermedades graves o para aliviar un problema crónico se debe consultar siempre con un profesional de la aromaterapia.

Asma

Es preciso ser prudente cuando se utilizan aceites esenciales para el tratamiento del asma. Aunque el uso de esencias como el aceite de benjuí, de eucalipto o de romero es corriente para aliviar trastornos respiratorios, muchos destacados terapeutas insisten en que los asmáticos deben evitar las inhalaciones de vapores de aceites esenciales, ya que el vapor concentrado puede incluso desencadenar un ataque de asma.

Hay, sin embargo, otros métodos de tratamiento por

aromaterapia que están muy indicados: beber tisanas de hierbas, por ejemplo, eucalipto, tomillo, mejorana o ajedrea, puede ser eficaz. Para contrarrestrar la dificultad respiratoria se pueden colocar también saquitos de romero fresco junto al enfermo por las noches.

También son recomendables los aceites de eucalipto, enebro o gaulteria, que se aplican mediante friegas en el pecho, y los aceites de menta y romero, que pueden inhalarse con un pañuelo cuando la respiración se vuelve difícil.

Fiebre del heno

Entre los tratamientos existentes para la fiebre del heno cabe citar los siguientes:

- Tisanas de agujas de pino y hojas de eucalipto; gárgaras con zumo de limón o agua hervida con una gota de esencia de árbol de té.
- Inhalaciones con unas gotas de esencia de cayeputi, eucalipto, niauli o árbol de té.
- Friegas e inhalaciones con pañuelos utilizando los aceites esenciales mencionados.
- Para el escozor de ojos pueden utilizarse compresas empapadas en infusiones de caléndula, manzanilla o perejil.
- La albahaca también es útil para la pérdida de olfato provocada por la fiebre del heno: basta poner una gota de esencia de albahaca en un recipiente con agua caliente y hacer inhalaciones dos o tres veces al día.

ENTREVISTA CON UNA AROMATERAPEUTA

P. ¿Qué tipo de tratamiento recomendaría a un paciente asmático?

R. *Cada persona es diferente. Tengo un interés especial por la curación y tiendo a ocuparme más del estrés que de síntomas concretos. El masaje es muy relajante y a veces tiene un efecto acumulativo. Sin embargo, usaría con prudencia los aceites esenciales porque pueden causar reacciones alérgicas en el paciente asmático.*

P. ¿Quiere decir que ciertos aceites esenciales pueden desencadenar ataques de asma?

R. *Sí. Personalmente, no quisiera ser responsable de esa situación, aunque quizá otros terapeutas lo harían. Lo ideal para el asma es la homeopatía, porque sus efectos son mucho más profundos; los masajes pueden darse también sin utilizar aceites esenciales. También puede ser útil hacer ejercicios de respiración o incluso de yoga.*

P. ¿Recomienda, pues, un tratamiento integrado?

R. *Sí. Algunos aromaterapeutas utilizan aceites esenciales, sobre todo de espliego, para baños. Otros emplean incienso. Yo no diría que logra la curación, pero el incienso puede ayudar a que la respiración sea más profunda y, por consiguiente, tiene efectos psicológicos positivos. El aroma propiamente dicho es importante para la relajación. Suelo elegir los aromas que atraen al paciente, aquellos por los que siente preferencia. No tendría sentido usar aromas que le resulten desagradables, porque aumentarían su tensión. Una de las mejores esencias es la de pétalos de rosa pero, desgraciadamen-*

te, es muy cara. Es semisólida a temperatura ambiente. La otra esencia de rosa que existe en el mercado es la esencia pura de rosa, pero se extrae por procedimientos químicos y puede tener restos de disolventes químicos. La ventaja de la esencia de pétalos de rosa, que procede de Bulgaria, es que es muy concentrada: para un masaje de pecho, suele bastar con disolver una gota en 25 ml de la sustancia que se emplee como soporte.

P. ¿Son eficaces para el asma las friegas de pecho con esencias de eucalipto, por ejemplo?

R. *Creo que lo que resulta realmente eficaz es el masaje, sobre todo para pacientes con trastornos alérgicos como la fiebre del heno. A veces les enseño técnicas de masaje que pueden aplicar en su casa. Los masajes, que por desgracia no curan, deben efectuarse a menudo. Creo que la combinación de esencias y masaje es mucho más útil que las esencias por sí solas.*

P. Así, pues, es recomendable que las personas asmáticas eviten el uso directo de aceites esenciales e inhalaciones de vapores.

R. *Sí, aunque me preocupa más la posibilidad de que los pacientes opten por autotratarse. Si un aromaterapeuta cualificado decide tratar a un paciente asmático, combinará sus técnicas con las de otras terapias naturales, como los remedios de hierbas, y no con aceites esenciales. Yo me ocupo principalmente de personas que sufren estrés. Gran parte de mi trabajo consiste en ayudar al paciente a relajarse, lo cual permite aliviar otros problemas como las dificultades respiratorias. Darse masajes regularmente ayuda, al igual que seguir una dieta sana y vigilar el grado de tensión al que uno se encuentra sometido.*

P. ¿Cómo trataría un caso de fiebre del heno?

R. *Mediante masajes. Ayudan a relajar todo el sistema nervioso. La fiebre del heno está muy relacionada con el estrés. Curiosamente, muchas de las personas con esta dolencia a las que he tratado parecían también personas irritables. No sé si hay alguna conexión. Éste era el caso de mi marido, y por esa razón decidí tratarlo a él también con los remedios florales del doctor Bach. Pero debo insistir en que es imposible establecer un tratamiento general, puesto que depende totalmente del paciente. Mi marido, por ejemplo, toma el remedio del doctor Bach a base de flores de acebo. Recibe además un masaje todas las semanas y toma infusiones de hierbas. La esencia de eucalipto le resulta particularmente útil porque es alérgico a los animales. También son eficaces los aceites esenciales de pétalos de rosa, de incienso y de manzanilla. Todas estas esencias alivian los síntomas: se pueden poner unas gotas en un pañuelo y hacer inhalaciones o tomar un baño diario disolviendo previamente en el agua unas seis gotas de cualquiera de las esencias mencionadas. El tratamiento se completa con un masaje que relaje totalmente al paciente.*

P. ¿Es preferible utilizar sólo un aceite esencial o combinar varios en el tratamiento?

R. *Depende. Algunos aceites desprenden un aroma más agradable si se combinan. Para hacer inhalaciones, basta con poner en un pañuelo unas gotas de una sola esencia, por ejemplo, de eucalipto. Para un masaje, en cambio, es posible mezclar aceites esenciales de rosa y manzanilla, o de rosa, manzanilla e incienso. Una vez más, puede ocurrir que estas combinaciones no sean las idóneas para ciertas personas: hay que dejar que cada paciente huela una por una todas las esen-*

cias; si es alérgico a alguna de ellas, normalmente empezará a estornudar de inmediato. Yo prefiero en general utilizar concentraciones bajas, aproximadamente una gota de esencia por cada 5 ml del aceite de soporte, lo que equivale, en total, a cinco o seis gotas de esencia por cada 25 ml de aceite. Para las alergias es mucho mejor optar por dosis pequeñas. También depende de qué aceite se trate. La manzanilla, por ejemplo, tiene un olor muy fuerte, y habitualmente basta con disolver 2 gotas en 25 ml de aceite.

P. ¿Cómo actúan en la práctica las técnicas de la aromaterapia?

R. *Actúan por varios mecanismos. El aroma propiamente dicho entra en los pulmones y ejerce efectos antisépticos. Los aceites esenciales también penetran en la corriente sanguínea al difundir sus moléculas aromáticas en la sangre a través de los alvéolos (pequeñas bolsitas de aire que se encuentran en los pulmones), en cantidades tan reducidas que sería imposible medirlas. Además, los aceites esenciales pueden absorberse a través de la piel.*

Creo que el hecho de que al paciente le resulte atractivo el olor, es muy importante. Es interesante señalar que la esencia de rosa contiene una sustancia que actúa como un opiáceo, que ayuda a liberar sustancias químicas que producen una sensación de felicidad y, por esa misma razón, tienen un efecto físico relajante y estimulan el sistema inmunitario. Ciertos aceites son refrescantes y despejan la cabeza.

P. ¿Llegan estos remedios a la causa del problema o se limitan a aliviar los síntomas?

R. *Ésta es una pregunta que me he planteado mu-*

chas veces. En cierto sentido, el efecto debe de ser sintomático. Si se utiliza la misma esencia durante mucho tiempo, deja de actuar. Creo que para llegar a la raíz del problema no basta con emplear aceites esenciales. Hay que corregir también la dieta y reducir el estrés. Las esencias ayudan, pero no son suficientes: para curar la enfermedad hay que combinarlas con un tratamiento homeopático.

P. Así, pues, ¿existen tratamientos integrales de aromaterapia y homeopatía?

***R.** Hay quien dice que los aceites esenciales pueden ser contraproducentes para la homeopatía, pero yo creo más bien que la aromaterapia prepara el organismo para el tratamiento homeopático. También los masajes son muy útiles.*

A mi juicio, las esencias por sí solas ejercen únicamente efectos sintomáticos, y no curativos, pero si se combinan con otros tratamientos hay muchas más probabilidades de llegar al origen del problema. En cualquier terapia, la dieta es importante; si el paciente persiste en beber y fumar, usar esencias no será realmente eficaz. En el proceso de curación deben intervenir tanto el cuerpo como la mente.

P. ¿Puede un paciente que esté tomando medicación ortodoxa para la fiebre del heno combinar ese tratamiento con la aromaterapia?

***R.** Yo no recomendaría a un paciente que dejara de tomar tal o cual medicamento. Supongo que la combinación de ambos tratamientos es difícil, porque la medicación suele ser tan fuerte que prácticamente contrarresta los efectos de la aromaterapia. Muchos de mis pacientes no toman medicamentos ortodoxos y, por* *esta razón, están probando medicinas alternativas. Si el paciente opta por dejar de tomar medicamentos ortodoxos, creo que sería conveniente que un médico supervisara el proceso.*

P. ¿Tiene la impresión de que se acude al aromaterapeuta como último recurso?

R. *Algunos lo hacen, pero para entonces sus organismos suelen estar tan llenos de toxinas que el tratamiento resulta muy largo y, a menudo, pierden la paciencia y abandonan. Con esta clase de terapia es importante que el paciente quiera ayudarse a sí mismo, y lo fundamental es enseñarle a hacerlo. Su mayor o menor constancia depende totalmente de su personalidad. Hay quien acude a nosotros por razones superficiales, mientras que otros, sin ser fanáticos, están buscando otras formas de relajarse. Procuro enseñar a mis pacientes a darse masajes a sí mismos.*

P. ¿Cuántas sesiones requeriría, en promedio, un tratamiento para la fiebre del heno?

R. *Por lo general, media docena. Después se puede ir reduciendo paulatinamente el número de sesiones, a medida que el paciente atiende otros aspectos que afectan su salud, como la dieta. Tras las primeras seis sesiones, los pacientes suelen acudir sólo para completar el tratamiento. El masaje puede ser permanente. Ciertas personas necesitan más sesiones por el tipo de vida que llevan y el estrés al que están sometidas.*

P. ¿Puede autotratarse una persona que tenga fiebre del heno con técnicas de aromaterapia?

R. *Sí, puede hacerlo, pero la aromaterapia es un tratamiento complementario, por lo que, en casos real-*

mente molestos, yo recomendaría un tratamiento homeopático.

P. ¿Cómo encontrar un aromaterapeuta?

R. *Lo mejor es ponerse en contacto con la Federación Internacional de Aromaterapeutas, que puede enviar al interesado una lista de especialistas de confianza, pero también es recomendable pedir asesoramiento a personas que hayan consultado ya con un terapeuta. No se puede uno guiar únicamente por las cualificaciones: se trata de una decisión muy personal porque es importante que el paciente se lleve bien con su aromaterapeuta. Por muy capaz que sea éste, de poco le servirá si hay una incompatibilidad de caracteres entre él y su paciente.*

VIII

OTRAS TÉCNICAS

RESPIRACIÓN Y CONTROL DEL ESTRÉS

> *Respira para vivir, porque la vida no es más que una sucesión de aspiraciones y exhalaciones*
> *(proverbio del yoga)*

Desde el momento en que tomamos el primer aliento y lanzamos el primer gemido al nacer, dependemos del aire para sobrevivir. La respiración es indispensable para la vida. Podemos pasar semanas sin alimento, pero no duraremos más de unos minutos sin aire.

La respiración es un proceso continuo mediante el cual abastecemos constantemente nuestros pulmones de aire; el oxígeno absorbido, indispensable para la vida, pasa a la corriente sanguínea; al exhalar expulsamos residuos innecesarios como el anhídrico carbónico.

Si se practica regularmente, una respiración correcta ayuda a mantener la serenidad y a hacer frente al estrés. Todos experimentamos estrés, aunque de diferentes formas y en distintos grados: puede estar relacionado con el trabajo, con la forma de vida, con la muerte de un ser querido, etc. A veces, la mera expectativa de un acontecimiento puede causar estrés: una cita con el dentista o una entrevista de trabajo pueden quitarnos el sueño.

En las personas que padecen asma o fiebre del heno, la sola sensación de que se producirá un ataque inminente causa a menudo una ansiedad y una opresión en el pecho que llegan a provocar el ataque. El estrés puede, pues, convertirse en un factor desencadenante, una especie de profecía que asegura su propio cumplimiento.

Cualquiera que sea la causa del estrés, la relajación tiene un gran valor terapéutico. Cómo conseguirla es una cuestión personal. Para algunos, la práctica de ejercicio es suficiente. Otros pueden encontrar útil alguna de las muchas técnicas de relajación existentes, como el yoga o la meditación.

Un programa completo de tratamiento del asma debe incluir técnicas para lograr una respiración correcta, algo que parecemos haber olvidado a causa de nuestra excesiva confianza en los medicamentos.

Cómo respirar

Hay dos formas básicas de respiración. La primera es la respiración pectoral, que es la que permite proporcionar rápidamente oxígeno al organismo. Es la que suele utilizarse en situaciones de ansiedad o miedo y al hacer ejercicio. Los músculos torácicos que se insertan en las costillas se contraen, con lo que el pecho se expande hacia afuera y el aire entra en los pulmones. Esta forma de respiración es rápida pero poco profunda y aumenta la tensión muscular; es necesaria e incluso vital en ciertas situaciones, pero puede generar un estado de tensión física permanente si se convierte en la forma habitual de respirar.

La vida frenética que muchos llevamos tiende a hacernos olvidar la forma natural de respirar, la que utilizan instintivamente todos los bebés: la respiración diafragmática, que es, de hecho, la que utilizamos cuando estamos relajados. Aquí no son los músculos torácicos los que trabajan, sino que la respiración se produce por la contracción y la relajación rítmicas del diafragma, un músculo con forma de cúpula que separa las cavidades torácica y abdominal.

El diafragma se aplana para aumentar el volumen de la caja torácica en la inspiración y vuelve a abombarse en la espiración. Esta forma de respiración es muy eficiente y fomenta la relajación. Los pulmones se vacían y se llenan por completo de aire sucesivamente, de forma que no se acumulan restos de anhídrido carbónico. El hecho de que tengamos que volver a aprender estos movimientos corporales naturales es un triste resultado de nuestra forma de vida, en la que, por ser la tensión el estado habitual, tendemos a respirar con el pecho. Es recomendable que los asmáticos (y todo el mundo) practiquen la respiración diafragmática. La mejor forma de comenzar es tumbarse boca arriba con un cojín bajo las rodillas, poner las manos sobre el diafragma e inspirar; el estómago debe expandirse y ejercer en las manos una presión ascendente. Al espirar, el estómago se retrae y las manos descienden. Los hombros no deben moverse en absoluto. Estos ejercicios resultarán más fáciles con la práctica. La respiración diafragmática es, para el asmático, una forma de garantizar que se aprovechará cada gota de oxígeno, a fin de compensar la restricción de la capacidad pulmonar.

El yoga puede ayudar al asmático a transformar una respiración trabajosa en una respiración consciente y positiva.

Durante la inspiración, el diafragma se desplaza hacia abajo, con lo cual aumenta el volumen de la caja torácica y el aire es succionado por los pulmones.

Durante la espiración, el diafragma se desplaza hacia arriba, con lo cual se reduce el volumen de la caja torácica y el aire es expulsado de los pulmones.

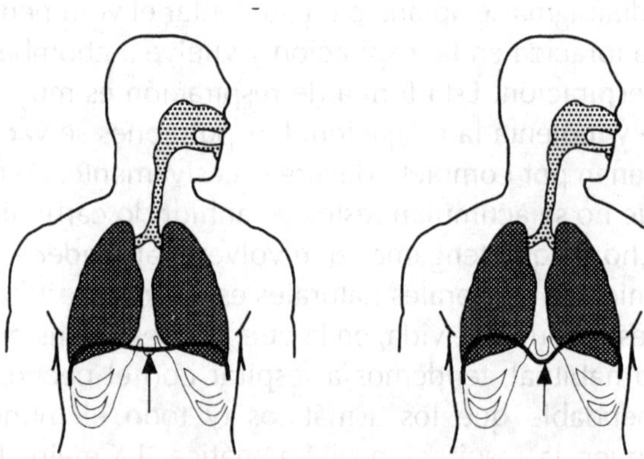

Diafragma contraído INSPIRACIÓN

Diafragma expandido ESPIRACIÓN

Terapias de manipulación

La osteopatía, la quiropraxia y la técnica de Alexander, entre otras terapias, surten efectos saludables porque enseñan a respirar correctamente.

OSTEOPATÍA

Los huesos, las articulaciones y los músculos forman la estructura de un complejo sistema que nos permite andar, correr, sentarnos y tumbarnos. La osteopatía trata los desequilibrios mecánicos de esa estructura desde la perspectiva de que cualquier anormalidad del sistema puede constituir una amenaza para la salud. Para que el organismo sea capaz de curarse por sí solo de sus dolencias hay que mantenerlo en un estado de equilibrio estructural.

Andrew Taylor Still, un médico americano con formación de ingeniero, desencantado de la medicina basada en los fármacos, estudió la interdependencia de las distintas partes de la estructura del organismo. Llegó a la conclusión de que una alineación incorrecta del cuerpo podía originar enfermedades. Sugirió que la manipulación podía restablecer el equilibrio y, por ello, curar enfermedades. Por la influencia religiosa de su padre (era hijo de un pastor), sostenía que era imposible que Dios hubiera creado al hombre sin darle la capacidad de curar sus enfermedades, y que el organismo encerraba todos los secretos de la curación.

Still formuló una teoría basada en tres principios muy simples, fruto más de la convicción que de la experimentación:

- El organismo normal y sano contiene en sí mismo la facultad de curarse; desplegará sus propios mecanismos de defensa y de reparación de daños para curarse a sí mismo.
- Como el cuerpo es una unidad, el desequilibrio de cualquiera de sus partes provocará inevitablemente una tensión anormal en las demás.
- La movilidad y la flexibilidad estructurales son indispensables para que el organismo pueda ejercer sus facultades curativas.

En los primeros tiempos de la osteopatía, Still creía que todas las enfermedades responderían a su enfoque. El progreso de la medicina moderna nos ha enseñado que hay formas más adecuadas de resolver algunos de los problemas identificados por Still y que la medicina de su época fue incapaz de tratar.

En la actualidad, los osteópatas se limitan a tratar los problemas que afectan los huesos, las articulaciones, los músculos y los ligamentos. De hecho, la mayor parte de su trabajo se centra en el tratamiento de problemas para los cuales los médicos de cabecera no tienen más solución que los analgésicos. La osteopatía permite tratar las dislocaciones de los discos intervertebrales, la ciática, el lumbago, la fibrositis, los pinzamientos de nervios, el reumatismo y muchos otros problemas de la columna vertebral y de las articulaciones. El tratamiento osteopático promueve también el drenaje linfático y mejora la respiración.

El cuello tiene, en el contexto de la osteopatía, una importante relación con las funciones nasales y de los senos faciales. El desplazamiento de las vértebras de la parte superior del cuello puede afectar las conexiones nerviosas de las membranas del sistema respiratorio.

Este desplazamiento es muy común entre las personas que tienen alergias nasales. Los osteópatas sostienen que la razón por la cual su tratamiento mejora la respiración es la importante función que desempeña la columna vertebral en el proceso respiratorio. Pueden tratar trastornos asmáticos porque sus técnicas les permiten mejorar la movilidad de las costillas, a menudo muy reducida en los asmáticos.

Un desplazamiento incluso ligerísimo de la columna puede causar una constricción del pecho y dificultar la respiración. En la zona pectoral, estos desplazamientos suelen afectar la caja torácica y la parte de la columna dorsal que sostiene las costillas. Una mala postura de la espalda o una tos persistente puede causar presión sobre los nervios de la zona pectoral.

Los osteópatas suelen trabajar en dos localizaciones: en la columna vertebral, por su relación directa con los pulmones, donde se ocupan además de reequilibrar las restantes estructuras del cuerpo, y en la caja torácica, donde su labor consistiría en ayudar al asmático a exhalar el aire. Para ello manipulan los músculos primarios (p. ej., el diafragma) y secundarios (p. ej., los cervicales).

El tratamiento osteopático también ayuda a eliminar la mucosidad.

QUIROPRAXIA

En las terapias quiroprácticas se utiliza una manipulación suave para corregir trastornos de las articulaciones de la espalda y de la columna vertebral. Las afecciones que comúnmente se tratan con dichas terapias son los dolores de espalda y de cuello, los de la zona lumbar (lumbago), las lesiones de disco y el dolor de cabeza. En muchos casos, incluso la migraña está relacionada con trastornos de la columna que afectan una parte del sistema nervioso denominada *sistema nervioso autónomo* (que funciona automáticamente). Numerosos trastornos de la columna vertebral afectan este sistema y pueden generar dolencias que en apariencia no están relacionadas con la columna, como mareos o, en ciertos niños y jóvenes, asma. En ocasiones, la quiropraxia puede aliviar también trastornos como la secreción de cantidades excesivas de mucosidad y problemas de los senos faciales y ayudar al asmático a respirar con más facilidad.

Fundamentos teóricos de la quiropraxia

A lo largo de la médula espinal, situada en el interior de la columna vertebral, sale una serie de nervios por las carillas laterales de las vértebras, que se ramifican hacia la cabeza, el tronco, los brazos y las piernas. Cuando una vértebra se desplaza, presiona sobre esos nervios y obstruye los impulsos nerviosos que se envían al cerebro y al resto del organismo. La función del quiropráctico es descubrir qué huesos están mal alineados y manipularlos hasta devolverlos a su lugar, liberando así el nervio. El objetivo de su manipulación no es tanto curar una enfermedad como estimular la capacidad curativa del propio organismo.

En la primera consulta, el quiropráctico efectúa una historia médica completa, tomando nota de todos los traumatismos y heridas sufridos desde la infancia y de los hábitos personales del paciente. A continuación lleva a cabo un reconocimiento detenido, que puede incluir mediciones de la presión arterial, análisis de sangre y otras investigaciones, y a veces radiografías para identificar el problema con mayor precisión. El tratamiento habitual consiste en una manipulación controlada y precisa, realizada mediante movimientos rápidos y ligeros.

El objetivo del quiropráctico es mejorar las funciones musculares, nerviosas y de las articulaciones. Para lograrlo utiliza muy diversas técnicas, como la presión sostenida sobre los ligamentos, el estiramiento de ligamentos y masajes musculares encaminados a aliviar el dolor y el espasmo muscular.

Las principales diferencias entre la osteopatía y la quiropraxia radican en que los osteópatas se inclinan más por la movilización de las articulaciones y por técnicas centradas en los tejidos blandos y en efectos de palanca, mientras que los quiroprácticos utilizan más técnicas directas: manipulan directamente las vértebras que intentan ajustar. Además, los quiroprácticos utilizan las radiografías con mucha mayor frecuencia que los osteópatas (siete veces más, en promedio).

En ciertos países, la gran mayoría de los quiroprácticos cualificados pertenecen a una asociación nacional de quiroprácticos. Algunos utilizan únicamente una técnica especial, la técnica de McTimoney, muy suave y que requiere gran sensibilidad, en la que el terapeuta se basa en la intuición de las yemas de sus dedos para palpar, localizar y analizar la posición relativa de los huesos, sin hacer nunca radiografías ni diagnósticos.

Técnica de Alexander

Esta técnica, desarrollada por Frederick Mathias Alexander, es básicamente una técnica de reeducación que se emplea sobre todo para corregir malos hábitos relacionados con la postura corporal y la respiración y defectos del habla. Pero ayuda, además, a tomar conciencia del propio cuerpo y a liberarse de hábitos puramente mecánicos.

Alexander, un joven actor con problemas en la voz que la ciencia médica era incapaz de resolver, llegó a la convicción de que la causa de sus dificultades estribaba en él mismo. Tras años de investigaciones laboriosas y de detenida autoobservación descubrió que cuando declamaba tendía a poner el cuello rígido y a echar la cabeza hacia atrás y hacia abajo, con lo cual ejercía presión sobre sus cuerdas vocales y la médula espinal. Cuando intentó corregir esa postura llevando la cabeza hacia adelante descubrió que ejercía una presión diferente sobre las cuerdas vocales. Se dio cuenta de que sólo podía lograr la postura adecuada haciendo el esfuerzo consciente de colocar la cabeza en una orientación correcta con respecto al cuello y al torso. La técnica de Alexander ayuda a mejorar la postura del cuerpo, lo cual tiene efectos saludables en general y aumenta la agilidad mental.

Se dice que el propio Alexander padecía de asma aguda hasta que descubrió la técnica que lleva su nombre. Cuando empezó a enseñarla a otros, lo apodaron «el hombre de la respiración», no sólo por la perfecta coordinación de su respiración sino también por el énfasis que ponía en las técnicas de respiración.

Entre los muchos beneficios que reporta esta técnica, los más interesantes para los asmáticos atañen a la relajación y a la profundidad de la respiración. Alexander sostenía que, tan pronto como dejamos de respirar incorrectamente, la forma correcta de respirar se manifiesta de manera automática y espontánea. Los profesores de la técnica de Alexander trabajan con sus «alumnos» para enseñarles a mejorar su mecanismo de respiración.

¿Qué hace un profesor de la técnica de Alexander?

La mayoría de los «alumnos», término preferido al de «pacientes», no son conscientes de que tienen una enorme tensión en el pecho. La técnica de Alexander los ayuda a tomar conciencia de esa tensión y de su respiración. Tras un curso normal de tres lecciones, empiezan a corregir la respiración. Al mejorar ésta, los ataques se hacen menos frecuentes y menos graves.

Los profesores acreditados suelen pertenecer a una sociedad de profesores de la técnica de Alexander.

Reflexología

La reflexología no debe tomarse a la ligera: no es una frivolidad ni consiste en «hacer cosquillas en los pies». Es, por el contrario, una terapia alternativa seria, compleja y estructurada. Parte de un planteamiento holístico: no pretende curar sólo los síntomas de una enfermedad determinada sino tratar el problema subyacente, del cual la enfermedad puede ser un síntoma.

La reflexología a través de los tiempos

La técnica de utilizar los pies como barómetro de la salud corporal y como medio de comunicación empezó a practicarse hace mucho tiempo. Los orígenes de la reflexología datan, como mínimo, de hace 5.000 años. La medicina tradicional china ha utilizado siempre los masajes de pies, manos y cuerpo como técnica básica para influir en los órganos y músculos internos. También los egipcios empleaban técnicas similares, como demuestran los dibujos de antiguas tumbas que representan escenas de masajes de pies. Hay referencias más recientes en algunas tribus de indios americanos y en ciertos pueblos tribales de África que emplean una forma de reflexología.

El médico estadounidense William Fitzgerald fue quien aplicó y utilizó las técnicas más «modernas» de reflexología, denominada en ocasiones *terapia zonal*. En 1913, cuando ejercía como médico, descubrió con sorpresa que ciertas operaciones de garganta y nariz que resultaban muy dolorosas para algunos de sus pacientes eran casi indoloras para otros. Sus investigaciones revelaron que los pacientes que mejor habían soportado las operaciones habían estado aplicando algún tipo de presión en ciertas partes de la mano, o bien que, quizá antes de la operación, él mismo había aplicado presión en determinadas zonas del cuerpo de esos pacientes y que ello había inhibido posteriormente el dolor en otras. De hecho, todos utilizamos de manera inconsciente y automática los principios básicos de la terapia zonal en nuestra vida diaria en respuesta al dolor. Cuando los dientes nos rechinan de dolor o los apretamos con fuerza o cuando frotamos las manos, es posible que estemos ejerciendo en esas zonas una presión capaz de calmar el dolor en otras.

Estos descubrimientos iniciales fueron acogidos con cautela por la profesión médica, aunque despertaron menos escepticismo en los osteópatas y los naturópatas. Hubo que esperar hasta los años cuarenta para que algunos médicos empezaran a interesarse realmente por las conclusiones de Fitzgerald: el doctor Joe Riley investigó el método en profundidad y una de sus discípulas Eunice Ingham, creó el *método reflexológico de compresión Ingham* centrado en los reflejos que se manifiestan cuando se dan masajes en los dedos, las plantas y la parte superior de los pies. Ingham, a su vez, tuvo gran influencia en Doreen Bayly, quien introdujo las técnicas de la reflexología en Inglaterra.

La reflexología desarrolló los principios generales de la terapia zonal, que establece que determinados puntos del cuerpo influyen en otros con los que aparentemente no tienen conexión; a partir de esta observación, se perfeccionó una terapia centrada específicamente en los pies, que son sensibles y receptivos a este tipo de masajes con presión. Si bien los reflexólogos recurren a veces a los masajes de las manos, sus técnicas se basan principalmente en los pies.

El pie como espejo del cuerpo humano

La expresión «terapia zonal» es una primera indicación de la teoría en que se fundamenta la reflexología. Las investigaciones del doctor Fitzgerald, entre otros, han demostrado que puede trazarse un mapa del cuerpo humano en las plantas de los pies, es decir, que hay puntos o zonas de los pies que corresponden a determinados órganos o regiones del cuerpo.

El cuerpo humano puede dividirse longitudinalmente en diez zonas que recorren toda la superficie corporal, de la cabeza a los pies; abarcan todos los órganos sobre los cuales pasan y se ramifican en los pies. A través de estas zonas, cada órgano o músculo importante está conectado con un punto concreto del pie. Los órganos de la zona izquierda se relacionan con el pie izquierdo, y los de la zona derecha, con el pie derecho. Los dedos y la cara superior del pie están relacionados con la cabeza, el cuello y las zonas cerebrales, mientras que los puntos correspondientes a las zonas inferiores del organismo, como el cóccix o las rodillas, están situados hacia el talón.

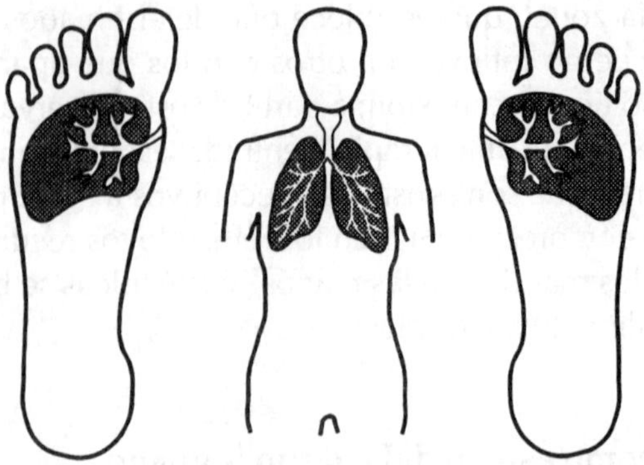

Reflejos respiratorios

La teoría que sustenta la reflexología es que la energía bioeléctrica del organismo fluye longitudinalmente a través de esas zonas hasta llegar a los puntos reflejos de los pies y de las manos. La obstrucción o el bloqueo de esa energía es lo que causa la enfermedad. Los distintos órganos o partes del cuerpo están tan interrelacionados que cualquier problema en una parte determinada del organismo afectará también la región correspondiente del pie.

Cómo actúa la reflexología

Mediante la fotografía de Kirlian, que muestra los campos energéticos que rodean todos los objetos, se ha demostrado que, cuando hay un problema en alguna zona del cuerpo, el campo energético que se encuentra en la zona refleja correspondiente del pie pierde intensidad. Con el tratamiento, el campo energético recupera intensidad, lo cual indica que se ha conseguido un efecto de equilibrio.

Aplicando una presión suave en los puntos reflejos es posible detectar reacciones dolorosas y pequeños bultos formados por residuos tóxicos y calcio no utilizado. Se cree que estos pequeños depósitos impiden que la energía circule libremente por la zona correspondiente.

El tratamiento consiste en efectuar masajes podales y mover los pies para eliminar esos bultos, que son reabsorbidos por el torrente sanguíneo y expulsados a continuación del organismo a través del sudor y de la orina. El organismo está eliminando de este modo desechos.

No se ha podido explicar científicamente con exactitud cómo funciona esta técnica, pero es evidente que el masaje reflejo puede dilatar o estrechar los vasos sanguíneos y aliviar o intensificar el dolor en zonas alejadas de la parte del cuerpo en la que se aplica el masaje. El principio en que se basa la reflexología, al igual que la acupresión o la acupuntura, es que la relajación o la excitación del organismo contribuyen a que glándulas u órganos aletargados recuperen su funcionamiento normal. La reflexología también ayuda a calmar el dolor; se cree que el organismo responde al masaje de las zonas reflejas segregando unas sustancias denominadas *endorfinas,* que son analgésicos naturales del cuerpo.

Aplicaciones

Esta terapia es más útil para afecciones agudas simples, como los resfriados, y para trastornos funcionales como el estreñimiento o afecciones de los senos faciales, que para dolencias graves y crónicas o para emergencias. Permite aliviar temporalmente los dolores de cabeza mediante masajes de los puntos adecuados, y la sensación placentera del masaje favorece la relajación y alivia las tensiones emocionales.

También puede utilizarse como método de diagnóstico: si hay un problema en una zona determinada, el masaje del punto reflejo del pie debería causar dolor o revelar una acumulación de toxinas. Estos puntos permiten detectar la posible existencia de un trastorno y deducir en qué órganos está situado, pero no indican de qué trastorno se trata ni cuál es su gravedad.

La reflexología no es en sí misma una terapia curativa, aunque puede en algunos casos permitir una curación. Su efecto es, sobre todo, estimular al organismo a curarse por sí solo, favoreciendo funciones corporales que estaban aletargadas y la eliminación de residuos. Desde esta perspectiva, la reflexología es una terapia preventiva que puede impedir el desarrollo de trastornos más graves al fomentar un estado de salud general y un funcionamiento eficaz del organismo. De hecho, muchos reflexólogos, sostienen que sirve para la detección temprana de posibles problemas, ya que permite descubrir señales de alerta en los pies que remiten a las partes del organismo afectadas.

El reflexólogo

Cualquier persona que tenga una zona débil determinada debería acudir a un reflexólogo. Éste suele solicitar al paciente datos personales y elaborar una historia médica en la que perfila su forma de vida.

La sesión comienza con un masaje, durante el cual el reflexólogo examina los pies del paciente, haciendo presión con el pulgar en los puntos adecuados para determinar si hay una reacción dolorosa. El terapeuta busca posibles depósitos de toxinas cristalizadas que indiquen la localización de un problema. Si el paciente acude con una dolencia determinada, el terapeuta examinará en general todo el pie y luego se centrará en los puntos que están específicamente asociados a la zona de la dolencia. El reflexólogo suele efectuar un masaje manual, utilizando sobre todo los pulgares, aunque algunos emplean los codos o, incluso, un peine. El tratamiento completo suele requerir entre seis y ocho sesiones de una hora de duración, aunque lo habitual es que se complete después con sesiones aisladas.

Asma y fiebre del heno

Para tratar estos trastornos el reflexólogo se centrará en las zonas de los pies que corresponden a las regiones del cuerpo que afectan y son afectadas por el asma o la fiebre del heno. En ambos casos, el masaje se centrará en las zonas reflejas directa e indirectamente asociadas al trastorno.

Asma

Las zonas reflejas directas en las que se centrará el tratamiento son los puntos relacionados con los pulmones y los bronquios. Además, el reflexólogo aplicará el masaje en los puntos relacionados con el plexo solar y las vértebras cervicales y torácicas, las glándulas suprarrenales, la válvula ileocecal, la glándula pituitaria, la glándula tiroides, las glándulas reproductivas y el corazón.

Fiebre del heno

El masaje se centrará en las zonas reflejas directas que corresponden a los senos faciales y a los ojos. El tratamiento puede ampliarse también a las zonas asociadas a la válvula ileocecal, las glándulas suprarrenales, el bazo y las vías linfáticas superiores.

ACUPUNTURA

Ha habido que esperar mucho tiempo para que esta terapia, que tiene sus orígenes en China, fuera aceptada como un medio eficaz para tratar una amplia gama de enfermedades, pero hoy en día la utilizan con frecuencia tanto los especialistas en terapias complementarias como ciertos médicos ortodoxos.

La técnica consiste en clavar unas agujas muy finas en puntos muy concretos de la piel para estimular y desbloquear el flujo de la energía *chi* que, según los acupuntores, es indispensable para la salud.

Abundan las explicaciones míticas sobre los orígenes de la acupuntura. Según la leyenda, esta terapia se descubrió hace unos cuatro mil años cuando se observó que los soldados que sufrían heridas de flecha se recuperaban a menudo de enfermedades que padecían desde hacía años. Se cree que esta observación dio origen a la idea de que los puntos de la piel se relacionan con las funciones corporales. Los médicos chinos de la época empezaron a experimentar con agujas fabricadas primero con piedras extraídas de las ricas canteras de jade de las montañas de China y, posteriormente, con huesos y bambú. Cuando se descubrieron los metales, las agujas empezaron a fabricarse con hierro, plata, cobre, oro y diversas aleaciones. Las agujas empleadas en la actualidad son de acero inoxidable y tienen entre 1 y 4 cm de longitud.

Al parecer, a lo largo de años de trabajosa observación, los médicos fueron descubriendo relaciones de causalidad entre los puntos donde se clavaba la aguja y determinadas enfermedades. Con el tiempo, se elaboró una cartografía de esos puntos y la acupuntura se convirtió en un arte curativo reconocido.

El texto original que sienta las bases de este sistema de medicina, escrito hace cerca de dos mil años, se titula *Huang Di Nei Jing,* que puede traducirse por *La enciclopedia de medicina interna del emperador amarillo.*

Teoría y filosofía

Para comprender cómo funciona la acupuntura son indispensables algunos conocimientos de las bases filosóficas y teóricas de esta terapia.

Los antiguos chinos tenían una visión del cosmos muy distinta de la nuestra. En términos muy simples, creían que todas las cosas tenían dos aspectos, el *yin* y el *yang,* y que nada podía existir sin estas dos partes complementarias y opuestas, de la misma forma que no puede haber día sin noche, ni frío sin calor.

Para los chinos de entonces, el *yin* englobaba todos los atributos de una montaña a oscuras, como el frío, la humedad y la oscuridad, y el *yang,* los de una montaña soleada, como el calor, la sequedad y la luminosidad.

También según esta filosofía, toda la materia viva está impregnada de una fuerza vital que los chinos denominan *chi.* En el cuerpo humano, el *chi* fluye por unos conductos denominados *meridianos.* En una persona sana, los aspectos *yin* y *yang* del *chi* del organismo están en equilibrio, y la energía del cuerpo puede fluir libremente. Cuando se rompe el equilibrio entre *yin* y *yang,* el flujo del *chi* se ve alterado y aparece la enfermedad.

El fundamento teórico de la acupuntura estriba, pues, en que la causa de toda enfermedad es una alteración del equilibrio energético del organismo, por lo que el tratamiento debe ir encaminado principalmente a restablecer ese equilibrio.

Una forma de entrar en la red energética del organismo es a través de los puntos de acupuntura, que están situados en los meridianos. Hay alrededor de 800 puntos en el organismo, que conforman doce meridianos principales. Estos meridianos, con la excepción del *calentador triple,* llevan el nombre del órgano al que están asociados: *intestino grueso, estómago, corazón, bazo, intestino delgado, vejiga, sistema circulatorio, riñón, vesícula biliar, pulmón* e *hígado*; hay además otros dos meridianos, el central y el regulador. La manipulación de estos puntos permite influir en el *chi* y en el equilibrio entre el *yin* y el *yang* del organismo.

Cómo y por qué actúa la acupuntura

El enfoque científico de la medicina occidental no permite explicar la acupuntura. Según una teoría, la acupuntura ayuda al organismo a segregar dos analgésicos naturales: las *endorfinas* y las *encefalinas.* Se sabe que estas complejas sustancias bioquímicas son eficaces en ciertos tipos de depresión y en las alergias, y se ha demostrado que la acupuntura incrementa los niveles de ambas en el organismo.

Algunos escépticos atribuyen la eficacia de la acupuntura al efecto placebo: sostienen que la confianza en la eficacia de una terapia ayuda al organismo a poner en marcha su propio mecanismo de curación. Sin embargo, esta teoría no explica la larga tradición de la acupuntura en veterinaria. Otra idea que ha ganado adeptos, sobre todo entre los investigadores occidentales, es la «teoría del control de las compuertas»: en términos muy simples, los mensajes de dolor son transmitidos por vías nerviosas desde la médula espinal hasta al cerebro. Se supone que la acupuntura cierra las compuertas, impidiendo que los mensajes de dolor que el organismo envía lleguen al cerebro y, por consiguiente, evitando el dolor. Una vez más, esta teoría resulta insuficiente, porque no explica por qué la acupuntura puede curar trastornos que no cursan con dolor.

¿Cómo diagnostica el acupuntor?

Para diagnosticar la naturaleza del trastorno de un paciente el acupuntor realiza una historia médica completa y examina ciertos rasgos particulares, como la calidad y la textura de la piel, el aspecto y el color de la cara, la lengua (el diagnóstico a partir de la lengua es un procedimiento extremadamente sutil), los ojos, el olor corporal, los ademanes y el tono de voz. Estos datos lo ayudan a obtener un cuadro completo del paciente. A continuación algunos acupuntores realizan un reconocimiento físico.

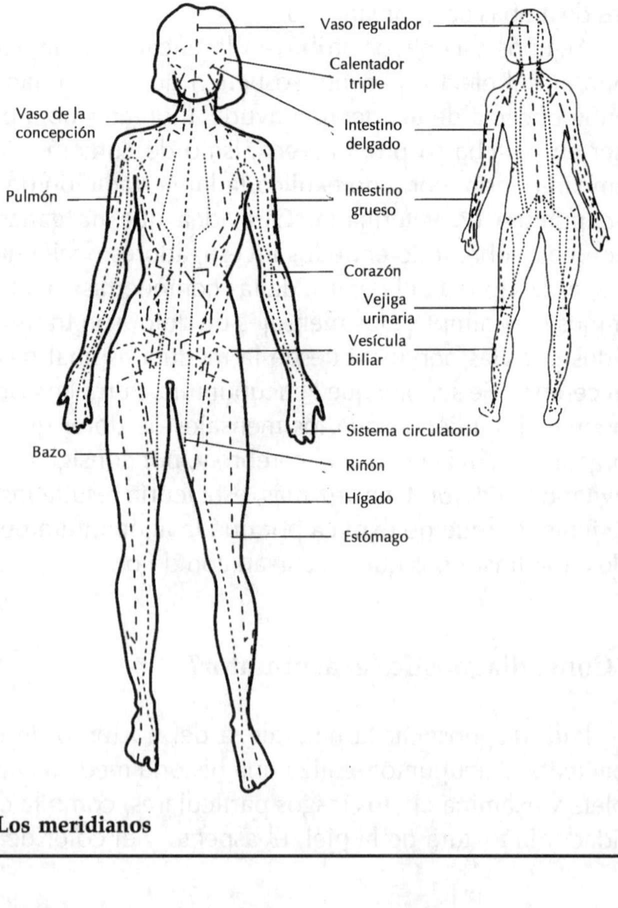

Los meridianos

El siguiente paso es tomar los pulsos del paciente: hay doce pulsos, uno para cada meridiano, seis en cada muñeca. Pueden atribuirse 28 características a esos pulsos (tenso, acelerado, débil, largo, fino, lento, etc.). Esta técnica, cuyo dominio requiere muchos años de práctica, permite al acupuntor conocer en profundidad la gravedad del trastorno y decidir el tratamiento pertinente.

Se cuenta una historia curiosa sobre el diagnóstico a través del pulso: como las mujeres de la familia real no podían ser vistas por el médico, el único medio de que éste disponía para diagnosticar sus dolencias era el análisis del pulso. Médico y paciente se situaban separados por un velo o una cortina; la paciente pasaba entonces la mano por debajo de esa barrera para que el acupuntor tomara los pulsos. Se sabía que los médicos de la época eran capaces de hacer diagnósticos precisos utilizando exclusivamente este procedimiento.

Una vez establecido el diagnóstico, el acupuntor decide en qué puntos de acupuntura centrarse para restablecer el equilibrio del sistema energético del paciente. Sabiendo que cada uno de esos puntos tiene una función particular, se puede determinar cuáles de ellos han de ser estimulados. La manera más habitual de estimular los puntos de acupuntura es mediante agujas.

¿Por qué agujas?

Mucha gente rechaza la idea de las agujas porque tienen connotaciones desagradables. Sin embargo, quienes se han sometido a tratamientos de acupuntura afirman que se trata de un procedimiento relativamente indoloro. Cuando un médico experimentado inserta la aguja, se nota un pinchazo seguido por una sensación de hormigueo, hinchazón o presión, que puede durar una media hora. Si la inserción se efectúa correctamente, el paciente no sangra.

Para restaurar la energía *chi* las agujas pueden introducirse en sentido oblicuo, vertical o casi horizontal. La profundidad de la punción varía según los casos: la aguja puede insertarse en la parte más superficial de la piel o introducirse hasta una profundidad superior a 2,5 cm. Una vez colocada la aguja, el acupuntor puede girarla, sacarla un poco o empujarla ligeramente para estimular la energía. Las agujas pueden quedarse clavadas entre unos segundos y una hora, según los casos.

Algunos acupuntores aplican una ligera corriente eléctrica a las agujas, porque consideran que con ello regulan con más precisión el flujo de energía. Esta técnica, que se utiliza sobre todo con fines analgésicos, se denomina *electroacupuntura* y no forma parte de la acupuntura propiamente dicha.

Alivio del dolor

La acupuntura puede utilizarse para calmar el dolor, sobre todo el crónico, sin los efectos secundarios de los medicamentos, así como para anestesiar a un paciente durante una operación. La primera vez que se utilizó exclusivamente la acupuntura como método de anestesia fue en 1958, para una extracción de amígdalas. El paciente no sufrió dolor alguno ni notó efectos secundarios. Un año después, se utilizó con éxito para intervenciones quirúrgicas en el cerebro, el tórax, las extremidades, el abdomen y la espalda. Hoy en día, más de un millón de médicos en China emplean únicamente la acupuntura como método de anestesia.

Hay una forma especial de acupuntura que se centra en la oreja: se trata de la *auriculopuntura* o *auriculoterapia,* que reconoce en la estructura de la oreja una imagen especular del feto humano en su posición intrauterina (con la cabeza hacia abajo y los pies hacia arriba), y basa el tratamiento en la correlación existente entre ciertos puntos de la oreja y otras partes del organismo. Se han encontrado 200 puntos reflejos en la oreja. El tratamiento suele aplicarse con un instrumento electrónico que detecta y a la vez estimula los puntos correspondientes, aunque a menudo se utilizan agujas, como complemento de la acupuntura «corporal».

La medicina tradicional china trata al paciente en su conjunto en lugar de tratar síntomas concretos, por lo que puede resultar útil para casi todas las enfermedades. Sin embargo, la curación nunca es instantánea porque la enfermedad debe abandonar gradualmente el organismo: liberar a un paciente de una enfermedad presente durante años puede llevar mucho más tiempo que curar una enfermedad contraída recientemente.

Fiebre del heno

En la medicina tradicional china la fiebre del heno es un trastorno *yang* causado por la subida del «fuego» del hígado y de la vesícula biliar. Para disipar el calor y reducir la congestión, se insertan agujas en la cara y en la frente. En el meridiano del intestino grueso, que asciende desde el dorso de la mano hasta el cuello pasando por fuera del codo y acaba junto a la nariz, está situada una importante cadena de puntos específicamente relacionados con la fiebre del heno y otros trastornos del oído, la nariz y el cuello. El tratamiento se centra en los puntos de ese meridiano situados alrededor de la nariz y del labio superior y en el dorso de las manos. La inserción de agujas en esos puntos destapona los conductos nasales y reduce la inflamación. Un breve tratamiento de acupuntura a principios de la primavera es suficiente para hacer frente a la fiebre del heno.

Tratamiento integral

El doctor William Khoe consiguió un índice de curación del 90 % en el tratamiento de 500 casos de fiebre del heno y rinitis mediante una combinación de terapias de acupuntura, homeopatía y nutrición.

Cómo encontrar un acupuntor

Cualquiera puede arrogarse el título de acupuntor, por lo cual es sumamente importante que el paciente se asegure de que su terapeuta ha recibido la formación adecuada. Para ello puede dirigirse a asociaciones profesionales de acupuntores o a asociaciones de medicinas tradicionales, de medicinas orientales o de medicina tradicional china. En general, para obtener el título de acupuntor hay que realizar unos estudios de tres años de duración como mínimo, que incluyen cursos de anatomía, diagnóstico, patología y fisiología.

Digitopuntura o acupresión

Los chinos descubrieron los efectos curativos y saludables de la digitopuntura hace más de 5000 años. La acupresión es una combinación de las técnicas de acupuntura y masaje: se asemeja a la acupuntura porque utiliza los mismos puntos, pero se distingue de ella porque sustituye las agujas por técnicas de masaje.

Cuando nos frotamos las sienes para calmar un dolor de cabeza o nos restregamos un codo para aliviar el dolor causado por un golpe estamos empleando las técnicas de digitopuntura. Ésta consiste en ejercer presión con los dedos sobre determinados puntos del cuerpo (los puntos de acupuntura) con objeto de estimular las facultades de curación naturales del organismo. Puede practicarse en cualquier momento, en cualquier lugar, con la ayuda de un terapeuta o sin ella. El único equipo necesario lo constituyen las propias manos. La tensión, el estrés y el insomnio son algunos de los muchos problemas de salud que pueden mejorar con esta técnica.

Cómo actúa la digitopuntura

Aunque existen varios tipos de digitopuntura, todos ellos emplean los mismos puntos de presión, que se denominan *puntos potentes*. Éstos corresponden a los de la acupuntura, y están situados en los doce meridianos por los cuales fluye el *chi*, la energía del organismo. Al estimularlos con agujas, como en la acupuntura, o con la presión de los dedos o con calor, como en la digitopuntura, el organismo segrega sus analgésicos naturales, las *endorfinas*. Éstas inhiben la sensación de dolor y favorecen el flujo de oxígeno, efectos que relajan los músculos y propician la curación.

Los puntos potentes, por su propia naturaleza, tienden a acumular tensión. La fatiga, el estrés, los traumatismos y los desequilibrios químicos provocan la secreción de ácido láctico y éste hace que los músculos se contraigan y se pongan tensos. Al aplicar presión en un punto potente, las fibras musculares se estiran, lo cual mejora la circulación de la sangre y permite al organismo eliminar toxinas. Esto es evidentemente saludable para el sistema inmunitario, y, por ello, aumenta la resistencia del organismo a la enfermedad.

Cómo encontrar los puntos potentes

Hay tres clases de puntos: locales, activadores y tónicos.

Punto local: es el punto en que se siente dolor. La estimulación de un punto de la zona dolorida calma el dolor.
Punto activador: la estimulación de un punto local puede desencadenar un efecto en otra parte del cuerpo que esté en el mismo meridiano.
Puntos tónicos: Su estimulación favorece la salud general. Un punto tónico muy conocido es la membrana que une la base del pulgar y del índice.

Existen dos maneras de denominar los puntos. La primera corresponde al nombre asignado por los antiguos chinos, que a menudo describe su efecto terapéutico: por ejemplo, la *esquina del hombro* describe el punto en el que hay que hacer presión para aliviar el dolor de hombro; el *punto de las tres millas* recibe este nombre porque proporciona suficiente energía para correr tres millas. Se cree que salmodiar el nombre del punto al tiempo que se aplica presión sobre él favorece la meditación y ayuda a lograr una curación física dirigida por la mente. El segundo método corresponde a la clasificación moderna, en la que cada punto se denomina mediante letras y números. Ésta es la clasificación que utilizan en todo el mundo los profesionales de la acupuntura y de la digitopuntura. Los puntos pueden localizarse a través de indicadores anatómicos, como prominencias y depresiones en los huesos y otros órganos.

Cómo practicar la digitopuntura

Cabe distinguir cuatro grandes métodos: presión firme, presión lenta, fricción enérgica y golpeteo rápido.

Para aplicar una presión firme pueden emplearse los pulgares, todos los dedos, la palma de la mano y los nudillos. Las zonas del cuerpo en las que los músculos están más desarrollados, como los hombros o las nalgas, requieren una presión firme, que durará varios minutos si lo que se pretende es relajar la zona o calmar el dolor, o unos segundos si el objetivo es sólo estimular la circulación.

Se empleará un masaje lento para distender músculos agarrotados. Para agilizar la circulación, tonificar la piel y aliviar la sensación de frío y de entumecimiento se usará, en cambio, una fricción enérgica.

Para zonas sensibles como la cara se utilizará un golpeteo rápido con las yemas de los dedos, que ayudará a mejorar el funcionamiento de los nervios.

En teoría, habría que practicar la digitopuntura a diario, durante una hora como máximo, pero dos o tres veces por semana bastarán para conseguir efectos apreciables.

Alivio de la dificultad para respirar

El punto asociado al pulmón (*B13*) está situado por debajo del vértice superior del omóplato. Hay que presionarlo con un dedo, primero en el lado derecho y luego en el izquierdo, inspirando profundamente al mismo tiempo.

Los otros dos puntos que proporcionan alivio para el asma, denominados la *mansión elegante (k27)*, se encuentran en las depresiones situadas inmediatamente debajo de cada una de las clavículas. Hay que presionarlos con firmeza inspirando profundamente al mismo tiempo.

Visita a un digitopuntor

La digitopuntura puede aplicarse, pero es útil hacer primero un cursillo con un profesional para aprender la técnica. Los digitopuntores suelen utilizar los pulgares o las yemas de los dedos para masajear con firmeza los puntos potentes, pero a veces emplean también los codos o incluso las rodillas. Una sesión normal dura entre 30 y 60 minutos.

Cómo encontrar un especialista

Diríjase a una asociación de osteópatas, quiroprácticos, profesores de la técnica de Alexander, acupuntores o reflexólogos.

IX

CONCLUSIONES

Rumi, un poeta y místico persa del siglo XIII, contaba una curiosa historia sobre un elefante, encerrado en una habitación a oscuras. La gente que acudía a verlo sólo podía tocar con la palma de la mano una parte de su cuerpo. Así, los que habían tocado la trompa decían que el animal era como una cañería de agua, los que habían puesto la palma de la mano en la espalda lo describían como un tronco, y los que sólo habían tocado una pata lo comparaban con una columna. Las descripciones estaban limitadas a lo que cada persona había palpado con la palma de la mano. Algo semejante ocurre cuando el ser humano se equipara a una máquina y se intenta devolverle la salud reparando por separado cada una de sus partes.

Entre los numerosos científicos y pensadores que han servido de guía al hombre moderno, René Descartes ocupa un lugar destacado. Su máxima «Pienso luego existo» es la cristalización del concepto cartesiano del dualismo entre la *res cognitas* (el terreno de la mente) y la *res extensa* (el terreno de la materia). Desde la perspectiva dualista que sentó Descartes, el mundo material empezó a considerarse como una compleja máquina compuesta por partes ensambladas. En relación con el cuerpo humano, Descartes dijo lo siguiente: «Considero el cuerpo humano como una máquina. La persona enferma puede compararse con un reloj mal hecho, mientras que la persona sana equivale a un reloj bien acabado.» Este legado de reduccionismo ha guiado y moldeado los fundamentos de la investigación científica hasta nuestros días.

En efecto, el estudio de la enfermedad se ha centrado en los procesos biológicos, atribuyéndose las causas de todas las enfermedades a factores biológicos. La medicina moderna está obsesionada por las mediciones, los modelos estadísticos y los estudios generales en los que, en aras de la objetividad, se lleva el principio del anonimato hasta el punto de que ni el investigador ni el sujeto de la investigación saben quién está recibiendo la sustancia o el tratamiento que se pretende investigar. En este tipo de medicina, la persona nunca es considerada como un todo indivisible, ni hay lugar para la capacidad de autocuración del organismo humano. Se han realizado tantos estudios sobre la «trompa», las «patas» o la «espalda» que el elefante ha quedado casi relegado al olvido.

Las estadísticas, otra extravagancia en la que el paciente es un número y la enfermedad un ítem, muestran que, a pesar de las ingentes sumas invertidas en la sanidad, la enfermedad está aumentando con rapidez: si se mide por el patrón de la salud, el control tecnológico y químico de la enfermedad ha dado unos resultados bastante lamentables. El director general de la

Organización Mundial de la Salud afirmó con pesar en su día:

> *La mayoría de las facultades de medicina del mundo no producen médicos para cuidar de la salud de las personas, sino para ejercer una medicina que es sorda y ciega a todo lo que no sea la enfermedad y la tecnología para tratarla, una tecnología cuyos costes son astronómicos y aumentan sin cesar, dirigida a un número de personas cada vez menor...*

Hoy en día abundan las alternativas a la medicina convencional. Son muchos los que han optado por métodos tradicionales de tratamiento que se han utilizado durante siglos en países como China, India o Japón. La popularidad de estas opciones se debe en gran medida al desencanto que ha producido la costosa medicina ortodoxa, basada en la alta tecnología y en el consumo de medicamentos.

El modelo holístico de atención de la salud ha ido cobrando fuerza en los últimos años. Sus defensores han contribuido en cierta medida a compensar las tendencias mecanicistas y reduccionistas de la medicina moderna. El planteamiento holístico parte de la premisa de que el organismo humano es multidimensional, se compone de cuerpo, mente y espíritu, indisolublemente ligados entre sí, y de que la enfermedad es el resultado de un desequilibrio endógeno o producido por una fuerza exterior. El cuerpo humano tiene una enorme capacidad innata para curarse a sí mismo restableciendo el equilibrio, por lo cual la labor primera del médico debe alentar y apoyar los esfuerzos de autocuración del organismo. En este sentido, la función del médico está más ligada a la educación que a la intervención. Si el paciente se considera capaz de curarse por sí solo, lo normal es que quiera ejercer esa facultad y conservar las riendas de su propia salud.

La medicina moderna está pues ante un dilema: ¿quién debe decidir qué es mejor para el paciente?, ¿quién debe tener el mando? Es razonable sostener que no es posible ni prudente dar la facultad de decidir a quien no tiene capacidad para ejercerla. En cualquier caso, ¿cómo puede un médico, con sus siete minutos reglamentarios por paciente, contemplar siquiera la posibilidad de convertirse en un educador?

Estas preguntas y paradojas reflejan el incompleto sistema de valores imperante en Occidente y que está imponiéndose con rapidez a los pueblos de Oriente.

Lo que parece indudable es que la prueba que demuestra realmente la validez de un método de curación es la manifestación tangible de una armonía entre la mente, el cuerpo y el espíritu. Los planteamientos holísticos tienen algunas de las respuestas, pero, aunque reconocen la importancia de lo espiritual, no indagan suficientemente en ese ámbito e, incluso, lo evitan en la práctica. Sin embargo, ningún sistema de curación que eluda la dimensión espiritual es realmente completo.

Las civilizaciones orientales han enseñado al mundo occidental que la atención de la salud puede plantearse desde perspectivas diferentes de las de la medicina moderna. Todas las disciplinas orientales, aunque están basadas en visiones del mundo y principios cosmológicos distintos, tienen un punto en común: sus seguidores les atribuyen un origen divino. No basta con aprender las técnicas: los defensores de la medicina holística han de intentar examinar más detenidamente los medios que han desarrollado esas civilizaciones para tratar la enfermedad considerando al ser humano en el contexto de su relación con el cosmos. Tomemos la acupuntura, por ejemplo, ¿tiene sentido esta disciplina si se la aísla de la visión del mundo de los chinos? Quizá el desconcierto que provoca en Occidente la acupuntura se deba precisamente a que no se ha tenido en cuenta esa visión del mundo. En este sentido, la medicina holística sólo cobrará significado si se inscribe en el marco de una concepción del mundo que dé cabida a la tan necesaria dimensión espiritual.

El legado cartesiano de dualismo y el reduccionismo que es su consecuencia han contribuido a destruir el concepto de lo divino en Occidente. La llamada de las medicinas holísticas es una expresión de la insatisfacción que suscita el modelo de medicina de nuestros días. Aunque el enfoque holístico no bastará para devolver lo divino a nuestro sistema, quizá pueda actuar como catalizador de cambios futuros. Entretanto, lo mejor que podemos hacer es optar por un sistema integral en el que médicos ortodoxos y terapeutas de las medicinas complementarias colaboren para ofrecer el sistema menos imperfecto que pueda lograrse con esa integración.

Quizá nunca podamos ver todo el elefante, pero aceptemos al menos que nuestra percepción del elefante dista mucho de ser completa y que está limitada a lo que la «palma de la mano» puede abarcar.

GLOSARIO

Ácidos grasos esenciales: sustancias que el organismo no puede producir y que deben obtenerse de los alimentos.

Adrenalina: hormona segregada por las glándulas suprarrenales en respuesta al miedo o al estrés; también llamada *epinefrina.*

Agudo: síntoma que aparece bruscamente y que suele ser de corta duración.

Alergia: trastorno causado por la reacción del sistema inmunitario a una sustancia específica.

Alopatía: término que se aplica a la medicina convencional basada en el uso de fármacos.

Aminoácidos: grupo de compuestos químicos que contienen nitrógeno y son los principales constituyentes de las proteínas. De los 22 aminoácidos conocidos, ocho se consideran esenciales porque el organismo es incapaz de producirlos directamente y debe obtenerlos de los alimentos.

Analgésico: sustancia que alivia el dolor.

Anemia: trastorno que resulta de la disminución del número de glóbulos rojos en la sangre.

Antibiótico: medicamento que ayuda a tratar las infecciones causadas por bacterias.

Anticuerpo: molécula proteica producida por el sistema inmunitario del organismo para neutralizar y combatir cuerpos extraños (*antígeno*).

Antídoto: sustancia que neutraliza los efectos de un veneno.

Antígeno: cualquier sustancia capaz de provocar la liberación de un anticuerpo por parte del sistema inmunitario para defender al organismo de las infecciones y enfermedades. Cuando el sistema inmunitario confunde una sustancia inocua, como el polen, con un antígeno nocivo, se produce una alergia.

Antihistamínico: producto químico que contrarresta los efectos de la histamina, sustancia liberada en la reacción alérgica.

Antioxidantes: sustancias que impiden la oxidación al destruir radicales libres. Son antioxidantes las vitaminas A, C y E y los minerales selenio y cinc.

Antiséptico: preparado que tiene la capacidad de destruir microorganismos no deseados.

Arteriosclerosis: trastorno causado por el depósito de grasas en las paredes de las arterias.

Atopia: predisposición a padecer diversos trastornos alérgicos, como asma, fiebre del heno, urticaria y eccema.

Benigna: célula no cancerosa, no maligna.

Betacaroteno: sustancia vegetal que puede convertirse en vitamina A.

Bilis: líquido producido por el hígado para la digestión de las grasas.

Candida albicans: hongo presente en las mucosas del organismo.

Carcinógeno: sustancia o agente que produce cáncer.

Cartílago: variedad de tejido conjuntivo que forma parte del sistema esquelético y se encuentra, por ejemplo, en las articulaciones.

Chi: término chino que designa la energía que circula por los meridianos.

Cirrosis: enfermedad del hígado causada por lesión de las células y por la formación de tejido cicatrizal (*fibrosis*).

Colágeno: componente principal del tejido conjuntivo.

Colesterol: compuesto graso, producido por el organismo, que facilita el transporte de grasas por la corriente sanguínea.

Contagio: término referido a una enfermedad que puede transmitirse de una persona a otra por contacto directo.

Corticoides: fármacos utilizados para tratar la inflamación, similares a las hormonas esteroides producidas por las glándulas suprarrenales, que regulan la utilización de nutrientes por el organismo y la eliminación de sales y agua por la orina.

Crónico: trastorno que persiste durante largo tiempo; opuesto a agudo.

Detoxificación: tratamiento para eliminar o reducir las sustancias tóxicas (*toxinas*) del organismo.

Dieta de eliminación: dieta que suprime los alimentos que provocan alergias.

Diurético: sustancia que aumenta la eliminación de orina.

DNA: molécula que contiene la información genética en la mayoría de los organismos.

Endorfinas: sustancias que tienen la capacidad de suprimir el dolor. También intervienen en el control de la respuesta del organismo al estrés.

Enfermedad autoinmune: enfermedad en la que el sistema inmunitario ataca los tejidos del propio organismo (p. ej., la artritis reumatoide).

Enzima: catalizador proteico que acelera las reacciones químicas en el organismo.

Esclerosis: proceso de endurecimiento o de formación de tejido cicatrizal.

Estimulante: sustancia que aumenta la energía.

Hepático: relativo al hígado.

Histamina: sustancia química segregada en la reacción alérgica, causante del enrojecimiento y de la hinchazón característicos de la inflamación.

Iridiología: ciencia de diagnóstico a través del iris del ojo.

Linfocito: célula blanca de la sangre presente en los ganglios linfáticos. Ciertos linfocitos desempeñan importantes funciones en el sistema inmunitario.

Maligno: término que describe un proceso que empeora progresivamente hasta producir la muerte.

Mastocito: célula que segrega histamina y otras sustancias químicas inflamatorias y desempeña un importante papel en las alergias.

Medicina holística: cualquier terapia dirigida a tratar a la persona en su conjunto, es decir, la mente, el cuerpo y el espíritu.

Melanoma maligno: forma de cáncer de la piel.

Meridiano: canal de energía que conecta los puntos de acupuntura y de acupresión con los órganos internos.

Mucosa: tejido rosado que recubre la mayoría de las cavidades y conductos del organismo, como la boca, la nariz, etc.

Mucosidad: fluido espeso segregado por las mucosas.

Nebulizador: instrumento mediante el cual se aplica un medicamento líquido transformado en un finísimo aerosol.

Neurotransmisor: sustancia química que transmite los impulsos nerviosos de una célula nerviosa a otra.

Oxidación: proceso químico que consiste en la combinación de una sustancia con oxígeno o en la eliminación de hidrógeno.

Placebo: sustancia química inactiva, utilizada a menudo para comparar la eficacia de distintos fármacos en pruebas clínicas.

Potencia: término utilizado en homeopatía para indicar el número de veces que una sustancia ha sido diluida.

Prostaglandinas: compuestos similares a las hormonas, elaborados a partir de los ácidos grasos esenciales.

Queratina: proteína que se encuentra en la capa más externa de la piel, las uñas y el pelo.

Radicales libres: átomo o grupo de átomos muy inestable, y que contiene al menos un electrón no emparejado.

Retirada: abandono de una sustancia adictiva.

Toxina: proteína tóxica producida por bacterias causantes de enfermedades.

Tratamiento constitucional: tratamiento establecido a partir de la evaluación de los estados físico, mental y emocional de una persona.

Vacuna: preparado que se administra para inducir inmunidad frente a una enfermedad infecciosa determinada.

Vasoconstricción: constricción de los vasos sanguíneos.

Vitamina: nutriente esencial indispensable, que actúa como catalizador en los procesos normales del organismo.

OTROS TÍTULOS
EN ESTA COLECCIÓN

Una guía práctica para superar los trastornos psicológicos que afectan los hábitos alimentarios

Lamentablemente, los trastornos de la nutrición, en particular la anorexia y la bulimia, han alcanzado una indiscutida notoriedad en las últimas décadas. La engañosa ecuación entre éxito y delgadez que ha establecido la sociedad actual ejerce una presión, a veces insoportable, sobre el público, especialmente el femenino, como demuestra el dato de que un 60 por ciento de las mujeres desean perder peso. La gravedad de estos trastornos, así como la de sus secuelas (osteoporosis, alteraciones metabólicas, dolencias cardíacas, depresión, entre otras), exige una toma de conciencia inmediata y soluciones prácticas. Este libro le ayudará a detectar los primeros síntomas de la enfermedad, a evaluar la influencia del medio familiar y social, y a modificar ciertas pautas de conducta destructivas en relación con la comida.

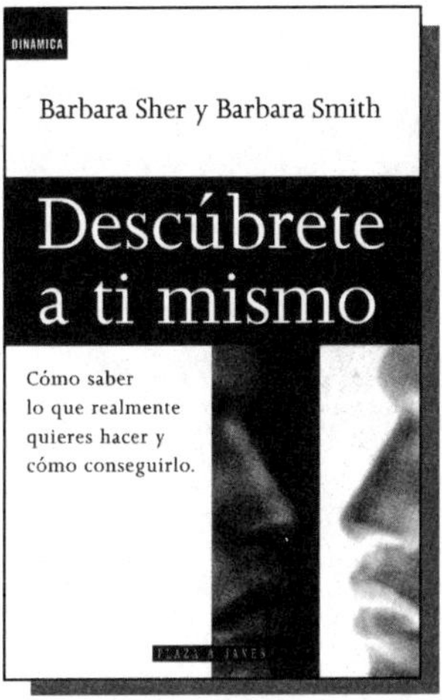

Cómo saber lo que realmente quieres hacer y cómo conseguirlo.

Llegado un punto de nuestras vidas, muchos de nosotros descubrimos que, por inercia, hemos caído en situaciones y rutinas sumamente insatisfactorias. De pronto comprendemos que no vivimos conforme a nuestros deseos y, aún peor, que ni siquiera sabemos cuáles son esos deseos. Ésta es la clave del problema: el desconocimiento de nuestros deseos más profundos y verdaderos. Un muro invisible cimentado en la pasividad nos separa de nuestros sueños, pero abrir una brecha en ese muro no es tan difícil como pudiera pensarse. Basta con un poco de convicción y empuje. Este libro original y apasionante te ayudará, mediante consejos prácticos y sencillos, a descubrir tus mayores aspiraciones y a realizarlas.

Barbara Sheer es terapeuta y asesora en el campo de la orientación profesional. Ha organizado numerosos seminarios en Estados Unidos sobre trabajo en equipo, creatividad y comunicación. *Descúbrete a ti mismo* y sus anteriores obras la revelan como una auténtica experta de la motivación.

Barbara Smith colabora regularmente con *New York Woman, Elle, The Washington Post* y otras publicaciones. Imparte clases de técnica narrativa en Yale y otros centros.

Una guía para adquirir el pleno conocimiento sobre sí mismo

El autor propone la meditación como método para relajarse y combatir el estrés. Para ello analiza el arte de vivir el presente, cada instante, con plena conciencia. Sin embargo, el aspecto más original de su enfoque es presentar la meditación no como práctica espiritual sino como disciplina práctica y cotidiana. Ésta es una guía de relajación útil tanto para el meditador experto como para el recién inciado.

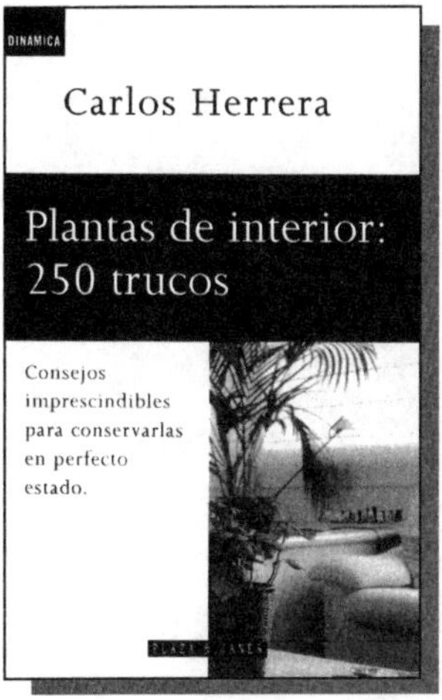

Consejos imprescindibles para conservarlas en perfecto estado.

El cultivo de las plantas de interior está cada vez más extendido. Este libro da respuesta a todas las dudas y problemas que puede originar el cuidado de estas plantas. Incluye más de 250 trucos para mantenerlas en perfecto estado y beneficiarse de su belleza, valiosos consejos prácticos referentes a alimentación, poda y reproducción, y un capítulo dedicado a las 25 plantas de interior más populares.

Carlos Herrera es un reconocido profesional de la jardinería. Sus habituales colaboraciones en prensa, radio y televisión le han valido un sólido prestigio en la materia.